本書係「敦煌文獻系統性保護整理出版工程」項目成果

二〇二一—二〇三五年國家古籍工作規劃重點出版項目

「十四五」國家重點出版物出版規劃項目

國家古籍整理出版專項經費資助項目

中國國家圖書館藏敦煌文獻

中國國家圖書館 編

第三四冊

BD00464～BD00477

國家圖書館出版社

DUNHUANG MANUSCRIPTS IN THE NATIONAL LIBRARY OF CHINA

034

BD00464 ~ BD00477

compiled by the

National Library of China

National Library of China Publishing House

凡例

一　本書刊布中國國家圖書館藏敦煌文獻，以館藏編號爲序編排。

二　館藏編號采用「BD+流水號」格式，如BD00001, BD16579等。背面在編號後加v表示。一個編號包含多件文獻者，編號後分別綴以字母A, B, C等。一件文獻含有多個内容者，以數字-1, -2, -3等標明順序。

三　圖版有縮印或放大處另加説明，尺寸超出本書幅面的以摺葉形式呈現。

四　卷軸裝、梵夾裝、經摺裝等裝幀形制的敦煌文獻，各附外觀圖像。

五　每件文獻依次呈現外觀、正面、背面等。背面僅刊布有文字、圖像或其他要素的圖版，而略去素紙部分，背面圖版同樣以從右到左順序編排。凡有外題者，遵從以上原則。

六　除個別特殊情況外，爲保證閱讀連貫、流暢，圖版儘量通欄呈現。

七　各葉上方附該件文獻全圖，以高亮形式顯示本葉大圖在全卷中的位置。部分長卷文獻全圖祇能分多段呈現時，在上段末以〈符標示下段接續。卷尾内容不足一葉時，文獻全圖使用該圖卷尾部分，亦以〈符標示。背面圖版文字與正面文字方向相反時，文獻全圖按原貌顯示，正文翻轉呈現，以便閱讀研究，用⟲符標示。

八　文獻題名大體沿用中國國家圖書館此前所編多部敦煌文獻目録的考證，部分吸收學界最新研究成果略作調整和完善。文獻題名綜合參考原卷首題、尾題、外題確定，如原卷題名與該文獻正式名稱不同，則采用正式名稱；無題名者，或比定題名，或擬定新名。非漢文文獻在題名前標注語種。有分卷不同等其他情況者，括注於文獻名稱後。

九　本書著録使用通行繁體字，涉及原文中的人名、地名等，必要時保留原字形。

About this publication

1. The documents are presented in shelfmark order.
2. The shelfmarks are in the form BD plus a running number, eg. BD00001, BD16579, &c. If a given shelfmark contains multiple documents, these are distinguished by the letters A, B, C, &c. If a document has multiple contents, they are distinguished by the numbering 1, 2, 3, &c. The verso side of an item is indicated by the letter v.
3. If it has been necessary to reduce or enlarge the size of an illustration, the dimensions are indicated. If the size of an illustration exceeds the size of the book, a folding sheet is used.
4. If the document is a scroll, a folded sutra, or has a stitched binding, a picture of the whole object is provided to show its external appearance.
5. The cover, front, and back of each document are reproduced in sequence. The back of a document is only reproduced if it contains text, illustrations, or other markings, and it is oriented from right to left. If it is blank it is not reproduced.
6. Except in a few special cases, the lines of text are reproduced unbroken to make them coherent and easier to read.
7. An illustration of the complete document is reproduced at the top of each page, and the section where the main illustration appears is highlighted in order to indicate its position. If it has only been possible to reproduce a long scroll in sections, the direction symbol has been used to indicate where one illustration ends and the next one begins. If the end of the scroll occupies less than one page, the direction symbol is used to indicate its position in the illustration of the complete document. If the text on the back of the document has a different orientation from the text on the front, it is reproduced as it is, but is also rotated (indicated with the rotation symbol) so that it can be read easily.
8. The titles of the documents generally conform with those already established by the Library, but in some cases have been amended by drawing on the most recent scholarly research. The titles are derived firstly from the beginning of the text, then from the end of the text, and lastly from the cover. If the title of a document differs from its authoritative form, the authoritative form is used; and if a document has no title, one is either supplied by comparison with similar documents, or a new one is devised. If the document is not in Chinese, its language is indicated before the title. If the number of juan is different from that of the authoritative version, or if there are other irregularities, this is noted.
9. The documents in the book are in traditional Chinese characters. Where the title contains personal or place names, the original characters used for these names are retained.

(Translated by David Helliwell)

第三四册目録

BD00464 四分律戒本疏卷三

沙門慧述

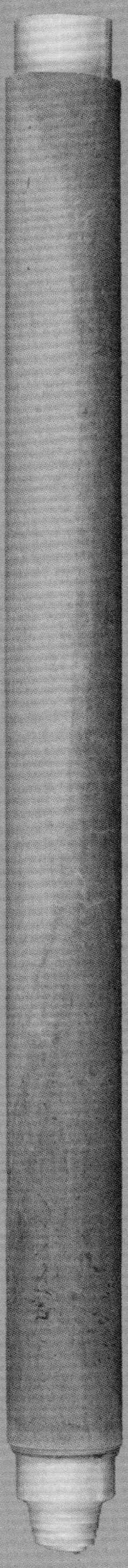

54cm × 26.5cm

□行三□□□□□□□□□□□□□□□□僧數故便重尼希故輕謂諸食□□食三衣坐
勸之索美三与尼衣作及三過量是衣五三有五戒犯同緣異謂請乞食治同
而聞緣不同久可雜合不同与外道食犯雖是同与緣不同減年受戒緣同
不過量洛衣生犯緣不同久可名字不同此等俱得提罪名為犯同緣有
異故下尼律云別制不同之義至文中解餘同故至尼戒中直列戒本此位
言於八法中尚論如覆藏僧覓尼摈或有境界制例随義有異如兩舌教無宿
過五六語等文說可知　第七任運等者前自他四位第二第三教人犯中女戒席解
鑿二敷餘十九戒容有任運餘未可知已下直文別釋　故妄語戒第一制意
者然出家之人理宜稱實寧喪身命詐无虛誑今返違心於想欺誑前人
令犯虛解自失正利過患之甚是以聖制　二釋名者言不稱實可以名妄虛□
之在口曰語无心不犯故曰故妄語戒　三具緣通緣如上別緣有六一人二作人想三
違想說四知違想語說五明了言了六前人聞知　四闕緣此說可知多論妄語兩舌
惡口麁作兩舌綺說故非惡口第二是妄語是兩舌非惡口不實故是妄語不介
離心非兩舌綺語說故非惡口第二是妄語是兩舌非惡口不實故是妄語離
心故是兩舌綺語說故非惡口第三妄語是惡口非兩舌四具有三下殺具兩
舌作法亦有四句類說可知已上明戒本具戒回名与力比丘善能族論与外道議

前後語異共瞋恚誘嬈以並舉過從得制戒　若以並入妄語者成遮　止犯之
戒本文有三句一者犯人二故妄語三違制結犯初句可知第二言知而妄語
於中文三一明妄語境二弁誑人犯義三前後方便多少言妄語境者有
其八種一見言不見二聞言不聞三觸言不觸四知言不知餘四反上可知
此是妄語境第二言犯義者眼見者識能見者知乃至意能知不見者
餘眼識餘五識類可知反言方便多少者於中有四初三時有心本作
妄語念時意是妄語〻已知妄語第二第三各有句兩二時有一時無心第四
一句三時無第三言波逸提者犯名若三時有心妄語者皆得提根本提罪
次有兩句二時有心一時無心者未有根本有心前後無心此四各提前
後有心根本無心前一有心後二無心後一有心前二無心此三得吉如律
廣說第四一句三時無心悉皆不犯又律云所見異所聞異所欲異所觸異
所想異所心異如此諸事皆是妄語言所見異者行心之中見於佛
狼言見佛像者是言所思異者領納違境安心苦受名之為思對施
樂受異本所思故曰所思異言所欲異者緣於形色渴須名欲即言
欲得聞法故曰所欲異言所觸異者坐禪行中實得冷觸言得熱
觸是名所觸異言所想異者無生異怨想言有親想故曰也言所
心異者行心緣此答言緣彼故云所心異皆得異皆得提罪又律云說
戒時乃至三問憶念有罪而不發露者犯隈妄語吉羅　僧祇房見等

來時乃至三問憶念有罪而不發露者犯墮妄語吉羅　僧祇房兒等
逐畜生問言見不得妄語不得尔受應問餘事乃至看自指甲應
方便引接令畜生遠去如是方便无犯十誦若語高姓人云是下賤者
犯墮若語兩眼人云汝一眼得妄語提又性惱比丘故提三種若起心故
誑前人得責心吉若發言前人未解得對首吉若言了前人解
即得提罪不犯中律云但稱想說見言見不見言不見[illegible]
……憶更見……

BD00465-1 四分律比丘戒本

（後秦）佛陀耶舍 譯

（唐）懷素 集

BD00465-2 小鈔

BD00465v 雜寫

155.5cm × 26cm

□
不應
爲說法
人持蓋不應爲說
學戒法令問諸大德
諸大德是中清淨默然
法半月半月說戒經中
應與現前毗尼　當與現前毗尼
應與不癡毗尼　當與不癡毗尼　應與自
應與覓罪相　當與覓罪相　應與多人覓罪
罪相　應與如草覆地　當與如草覆地
諸大德我已說七滅諍法令問諸大德是中清淨不　三說
諸大德是中清淨默然故是事如是持　諸大德我已說
戒序已說四波羅夷法已說十三僧伽婆尸沙法已說
二不定法已說三十尼薩耆波夜提法已說九十波夜提法

已說四波羅提提舍尼法已說衆學戒法已說七滅諍
法此是佛所說戒經半月半月說戒經中來若更有餘佛
法此是佛所說戒 是中皆共和合應當學 忍辱第一道
佛說无為最 出家惱他人 不名為沙門 此是毗婆尸 如來無所著等正覺
說是戒經於 譬如明眼人 能避嶮惡道 世有聰明人 能遠離諸惡
此是尸棄如來无所著等正覺 說是戒經 不謗亦不嫉 當奉行
於戒 飲食知止足 常樂在空閑 心定樂精進 是名諸佛教
此是毗葉羅 如來无所著等正覺說是戒經 譬如蜂採花
不壞色與香 但取其味去 比丘入聚然 不違戾他事 不觀作不作
但自觀身行 若正若不正 此是拘留孫 如來无所著等正覺說
是戒經 心莫作放逸 聖法當勤學 如是无憂愁 心定入涅槃
此是拘那含牟尼如來无所著等正覺 說是戒經 一切惡莫作
當奉行諸善 自淨其志意 是則諸佛教 此是迦葉如來无
所著等正覺說是戒經 善護於口言 自淨其志意 身莫作知
此三業道淨 能得如是行 是大仙人道 此是釋迦牟尼如來
无所著等正覺於十二年中為無事僧說是戒經從此已後
廣分別說 諸比丘自為樂法樂沙門者有慚有愧樂學

BD00465-1　四分律比丘戒本

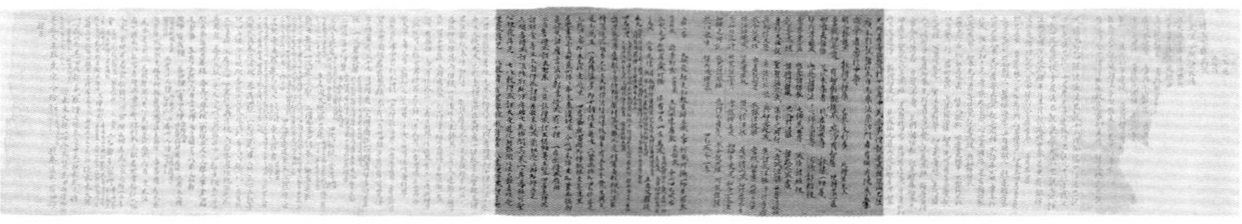

无所著等正覺於十二年中為無事僧說是戒經從此已後
廣分別說 諸比丘自為樂法樂沙門者有慚有愧樂學
戒學者當於中學
明人能護戒 能得三種樂 名譽及利養 死得生天上
當觀如是處 有智勤護戒 戒淨有智慧 便得第一道
如過去諸佛 及以未來者 現在諸世尊 能勝一切憂
皆共尊敬戒 此是諸佛法 七佛為世尊 滅除諸結使
當尊重正法 此是諸佛教 七佛為世尊 滅除諸結使
說是七戒經 諸縛得解脫 已入於涅槃 諸戲永滅盡
尊行大仙說 聖賢稱譽戒 弟子之所行 入寂滅涅槃 世尊涅槃時
興起於大悲 集諸比丘眾 與如是教戒 莫謂我涅槃 淨行者無護
我今說戒經 亦善說毗尼 我雖涅般槃 當視如世尊 此經久住世
佛法得熾盛 以是熾盛故 得入於涅槃 若不持此戒 如所應布薩
喻如日沒時 世界皆闇冥 當護持是戒 如犛牛愛尾 和合一處坐
如佛之所說 我已說戒經 眾僧布薩竟 我今說戒經 所說諸功德
施一切眾生 皆共成佛道 四分戒本一卷

小鈔一卷　大鈔發起先知教至歸三藏之中何藏所攝　一修多羅藏

此云經藏　二毗奈耶藏 此云律藏　三阿毗達磨藏 此云論藏　今此四分戒本

三藏之中即毗尼藏所攝　律有四名　一名為戒 若就教釋防非為戒 若就行解止惡為戒 又單釋防非止惡名

之為戒　二名為律 若就教釋詮量輕重以之為律 又釋詮量輕重決是非名之為律 若就行釋調伏剛鑛以之為律　三名波羅提

木叉 此是梵語唐言別別解脫 若就教釋此是解傳傳心念念之中能離煩惱故云彼彼解脫 又釋斷絕羈傳念念離塵染名為木叉

四名毗尼 亦是梵語唐言除滅 若就教釋此法能殄息諍論故名為滅 若就行釋斷除生死苦盡 无為揲泊故名為滅 又釋滅除生死盡諸苦因故云毗尼

毗尼藏世尊在世親自宣傳臨涅槃付囑阿難阿難滅度付囑商那和脩商那和脩涅槃

付囑優波毱多已上五大師佛法皆同味後毱多有五弟子覺生異見

遂分為五　一名薩婆多即十誦律主是也　二曇無德即四分律主是

三弥沙塞即五分律主是也　四名婆麁富那即僧祇律主是也　五

名迦葉維亦名迦葉毗律律本未來漢地也　今此四分律主即曇無德部

是此梵語唐言法正部也　得戒有十種　一自然得戒唯佛

二自誓得戒謂大迦葉　三見諦得戒謂五俱輪等五比丘　四善來得戒

謂耶舍等五　三語得戒謂佛在世未制戒前但受三歸即得具足

六問答得戒謂須陁耶弥沙年始七歲佛問其義一一具答稱可聖

心便發具足　七八敬得戒謂大愛道從阿難聞八法已歡喜頂受

便發具足　八破者百羯磨受戒請坐自　八遣更得戒謂半迦

BD00465-1　四分律比丘戒本　　BD00465-2　小鈔

心便羲具足　七八敬得戒謂大愛道從阿難聞八法已歡喜頂受
便羲具足　八敬者　百罵舉授　摭請安自　八遣使得戒謂半迦
尸尼有難緣差使乞戒即得具足九羯磨得戒謂十僧作法十邊
方五人授大戒　已前上九種屬佛在世羯磨一法教通凡聖被及僧
尼誦羅現未　須知作法　問羯磨受戒具足幾緣得名知法
答依僧祇律具六因緣一年滿廿三衣鉢具二身无遮難三結界
成就四界内盡集五羯磨成就　六十僧滿足　備此六緣得名如法闕一不成
問界有幾種　答一者作界法　二者自然界　作法界有三　一者攝僧界
二攝依界　三攝食界　僧界有三種　一者大界　二者界場　三小界　今
就大界之内又有三種　謂人法二同界　法食二同界　法同食別界
若就自然界中者則有四別　一者謂聚落界　二者蘭若界　三者道行界
四者水界　問羯磨有幾種　答有一百卌四種　單白羯磨有卅九種
白二羯磨有五十七　白四羯磨　此三羯磨攝一切羯磨皆盡明五篇
法　一波羅夷篇　蓋是西音此云无餘若犯此戒永棄衆外故曰无餘不得与僧同行布薩羯磨棄在衆外故云无餘
二僧伽婆尸沙篇　此云僧殘若犯此戒行則毀缺不應在布薩羯磨衆中數故甚不故云僧殘
三波逸提篇　此方云墮若犯此戒墮落地獄
四波羅提提舍尼　此方

[illegible]

對手懺悔故云向彼悔　五名式叉迦羅尼篇 習方成故云應當學

第七聚法　一波羅夷聚　二僧伽婆尸沙聚　三偷蘭遮聚

偷是梵語唐言麁惡亦云遮障偷言遮蘭言郭若犯此罪大遮障聖道故云遮郭然

偷蘭有四五逆偷蘭應滅殯不可除 二初篇下重偷蘭應八僧中悔悔 三初

篇下輕偷蘭 二篇下重偷蘭應四僧中懺 四獨頭偷

蘭遮及餘篇下偷蘭 三僧中悔

四波羅逸提聚　五波羅提提舍

尼聚　突吉羅聚尒為二 一身惡作 二口惡說　突吉羅者 義翻云 惡作突

者名惡吉羅名作作惡不止故云突吉羅亦曉跌身作名惡口作名說故云惡作惡說突吉羅

者二聚罪若故犯者應對手懺 若誤犯應責心懺

問欲戒具幾緣成犯　答具四緣　一前境是男　二興染心　三起方

便　四与境合便犯　問盜戒具幾緣成犯　答具六緣成犯　一有主物

二有主相　三有盜心　四重物　五興方便　六離本處便犯　問煞戒

具幾緣　答具五緣　一是人　二人相　三興盜道心　四起方便 五斷命根

問大妄語戒具幾緣　答具八緣成犯　一前境是人　二人想　三事虛　四知

是虛事　五有誑他心　六自言已得　七言辭了了　八前人知解

問僧有幾種　答四種　一者四人僧 除授戒自恣出罪一切羯磨應作　二者五人僧

除中國授戒出罪餘法得作　三者十人僧 除出罪餘法作　四者廿人僧 一切羯磨得作况復更多

問菩薩戒中煞先婬後何故聲聞戒中婬先煞後　答菩薩為大慈

為本是以煞戒　為初聲聞以梵行為機是以欲戒為首　受衣法

若不持衣入聚落皆得無量罪若裸形無衣[illegible]

為本是以煞戒 為枌聲聞以梵行為檝是以欲戒為首 受衣法
若不持衣入聚落者得無量罪世〻裸刑無衣眠若不串鉤紐入俗
人家〻〻得罪若食飲賭咽〻〻得罪 問云何名為三衣六物一安多
會 有四種一割截二攝葉三褋葉四縵作一長一短割截衣持餘三眾隨後持 二名欝多羅僧 有二種一割截二褋葉
二長一短即是七條衣受割截衣持若餘衣准法 三僧伽梨 此衣有十八種謂割截褋葉各九品若若受上衣廿五條四衣長一短割截衣持若
是褋葉條數准上褋葉衣持若中品三長一短若是下品二長一短 授衣文大德
一心我比丘某甲此欝多羅僧七條衣受兩長一短割截衣持
三說若是餘衣及褋葉攝葉等喻事准改受文同上 捨衣文大德一心念我比丘某甲此僧伽梨
是我三衣數先受今捨 一說下二衣及尼五衣等須捨亦尔 授藥法藥有四種
一時藥

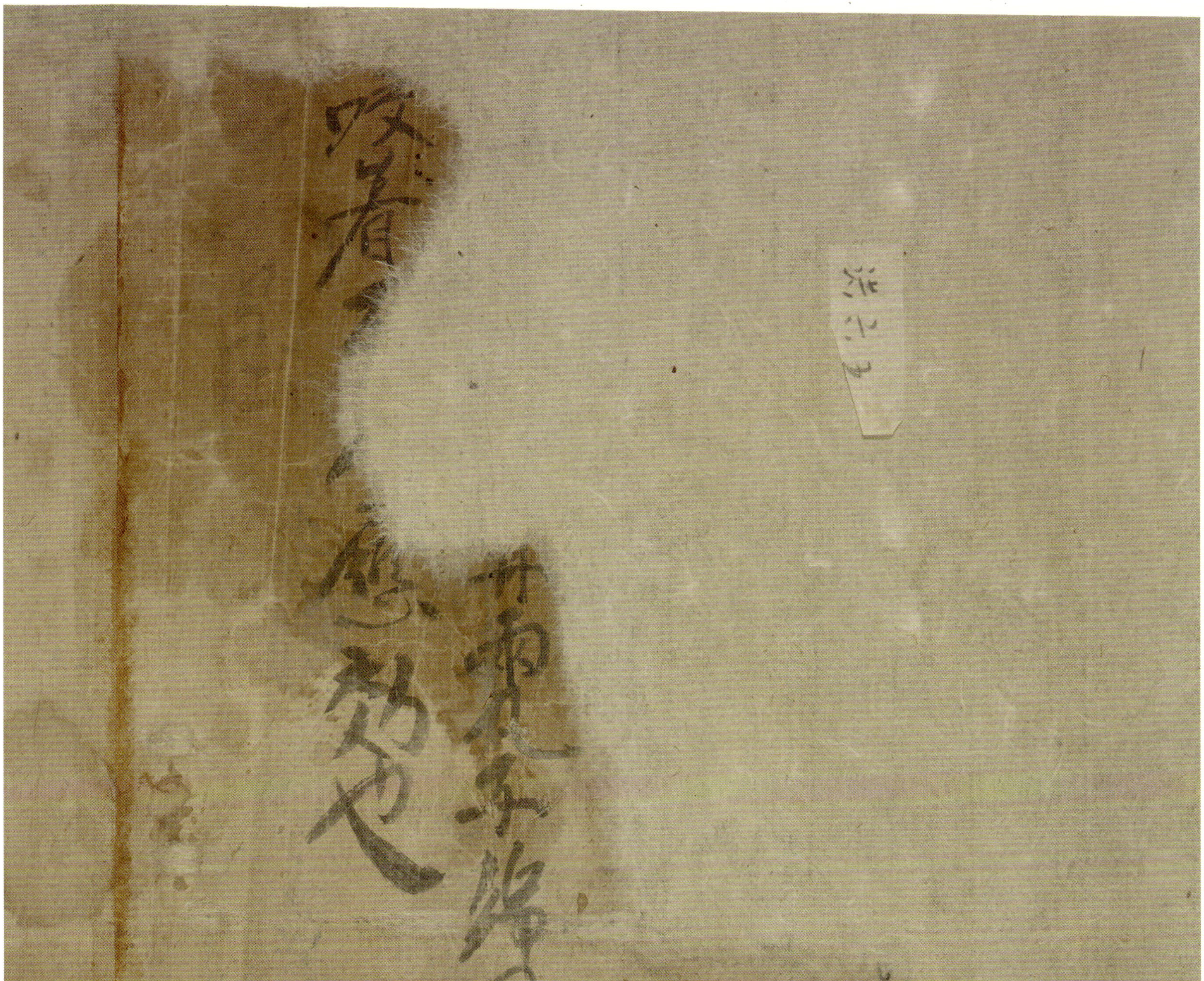

BD00465v　雜寫

BD00466 妙法蓮華經卷六

（後秦）鳩摩羅什 譯

1039.8cm × 25.5cm

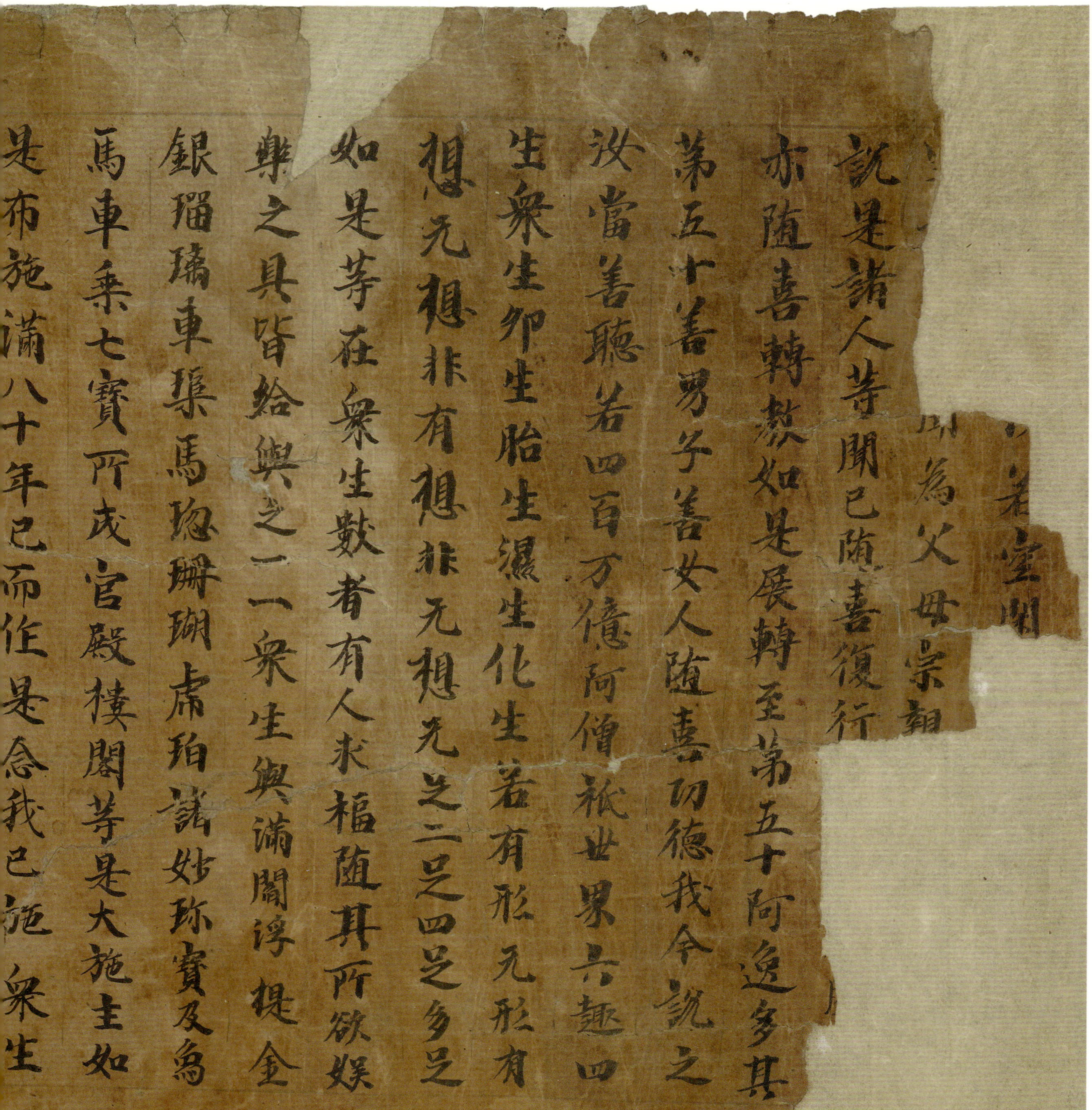

若空閑
為父母宗親
說是諸人等聞已隨喜復行
亦隨喜轉教如是展轉至第五十阿逸多其
第五十善男子善女人隨喜功德我今說之
汝當善聽若四百万億阿僧祇世界六趣四
生衆生卵生胎生濕生化生若有形无形有
想无想非有想非无想无足二足四足多足
如是等在衆生數者有人求福隨其所欲娛
樂之具皆給與之一一衆生與滿閻浮提金
銀瑠璃車璖馬瑙珊瑚虎珀諸妙珎寶及為
馬車乘七寶所成宮殿樓閣等是大施主如
是布施滿八十年已而作是念我已施衆生

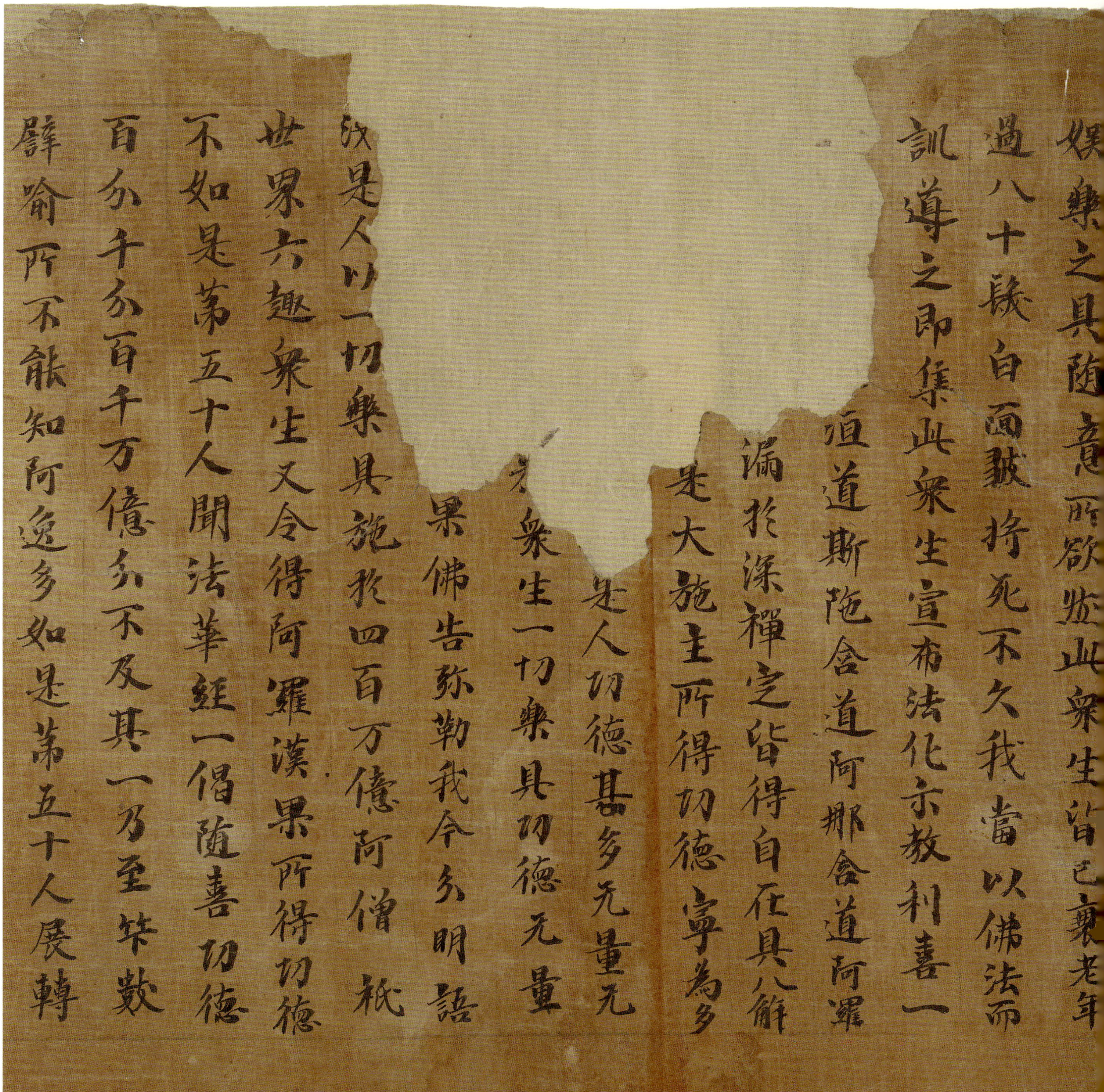

娛樂之具隨意所欲然此衆生皆已衰老年
過八十髮白面皺將死不久我當以佛法而
訓導之即集此衆生宣布法化示教利喜一
洹道斯陀含道阿那含道阿羅
漏於深禪定皆得自在具八解
是大施主所得功德寧為多
是人功德甚多无量无
衆生一切樂具功德无量
果佛告弥勒我今分明語
汝是人以一切樂具施於四百万億阿僧祇
世界六趣衆生又令得阿羅漢果所得功德
不如是第五十人聞法華經一偈隨喜功德
百分千分百千万億分不及其一乃至筭數
譬喻所不能知阿逸多如是第五十人展轉

BD00466　妙法蓮華經卷六

譬喻所不能知阿逸多如是第五十人展轉
聞法華經隨喜功德尚无量无邊阿僧祇何
況最初於會中聞而隨喜者其福復勝无量
得比又阿逸多若人為是經
若立須臾聽受緣是功
妙象馬車乘珎寶輦輿
講法處坐更有人來
是人功德轉身得帝
坐處若轉輪聖王所坐之處
逸 語餘人言有經名法華可
共往聽即受其教乃至須臾間聞是人功德
身得與陀羅尼菩薩共生一處利根智慧
千万世終不瘖瘂口氣不臭舌常无病口
无病齒不垢黑不黃不踈亦不缺落不差

曲脣不下垂亦不褰縮不麁澁不瘡胗亦
不缺壞亦不喎斜不厚不大亦不黧黑无諸
可惡鼻不匾㔸亦不曲戾面色不黑亦不狹
長亦不窊曲无有一切不可喜相脣舌牙齒
悉皆嚴好鼻脩高直面貌圓滿眉高而長
額廣平正人相具足世世所生見佛聞法信
受教誨阿逸多汝且觀是勸於一人令往聽
法功德如此何況一心聽說讀誦而於大眾
為人分別如說脩行尒時世尊欲重宣此
義而說偈言

若人於法會　得聞是經典　乃至於一偈　隨喜為他說
如是展轉教　至于第五十　最後人獲福　今當分別之
如有大施主　供給无量眾　具滿八十歲　隨意之所欲
見彼衰老相　髮白而面皺　齒踈形枯竭　念其死不久

見彼衰老相　髮白而面皺　齒疏形枯竭　念其死不久
我今應當教　令得於道果　即為方便說　涅槃真實法
世皆不牢固　如水沫泡焰　汝等咸應當　疾生猒離心
諸人聞是法　皆得阿羅漢　具足六神通　三明八解脫
冣後第五十　聞一偈隨喜　是人福冣勝　不可為譬喻
如是展轉聞　其福尚无量　何况非法會　福聞隨喜者
若有勸一人　將引聽法華　言此經深妙　千万劫難遇
即受教往聽　乃至須臾聞　斯人之福報　今當分別說
世世无口患　齒不踈黃黑　脣不厚褰缺　无有可惡相
舌不乾黑短　鼻高脩且直　額廣而平正　面目悉端嚴
為人所喜見　口氣无臭穢　優鉢華之香　常從其口出
若故詣僧坊　欲聽法華經　須臾聞歡喜　今當說其福
後生天人中　得妙象馬車　珎寶之輦輿　及乘天宮殿
若於講法處　勸人坐聽經　是福因緣得　釋梵轉輪座

何况一心聽　解說其義趣　如說而脩行　其福不可限

妙法蓮華經法師功德品第十九

尒時佛告常精進菩薩摩訶薩若善男子善女人受持是法華經若讀若誦若解說若書寫是人當得八百眼功德千二百耳功德八百鼻功德千二百舌功德八百身功德千二百意功德以是功德莊嚴六根皆令清淨是善男子善女人父母所生清淨肉眼見於三千大千世界內外所有山林河海下至阿鼻地獄上至有頂亦見其中一切衆生及業因緣果報生處悉見悉知尒時世尊欲重宣此義而說偈言

若於大衆中　以無所畏心　說是法華經　汝聽其功德

是人得八百　功德殊勝眼　以是莊嚴故　其目甚清淨

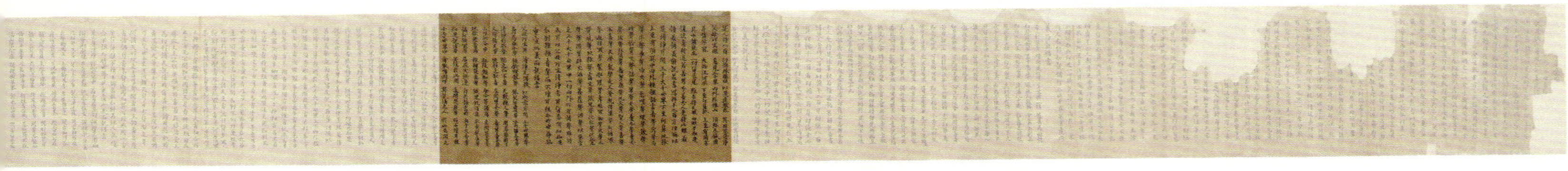

是人得八百功德殊勝眼以是莊嚴故其目甚清淨
父母所生眼悉見三千界内外彌樓山須彌及鐵圍
并諸餘山林大海江河水下至阿鼻獄上至有頂處
其中諸衆生一切皆悉見雖未得天眼肉眼力如是
復次常精進若善男子善女人受持此經若
讀若誦若解說若書寫得千二百耳功德以
是清淨耳聞三千大千世界下至阿鼻地獄
上至有頂其中内外種種語言音聲象聲馬
聲牛聲車聲啼哭聲愁歎聲螺聲鼓聲
鍾聲鈴聲咲聲語聲男聲女聲童子聲童女
聲法聲非法聲苦聲樂聲凡夫聲聖人聲喜聲
不喜聲天聲龍聲夜叉聲乾闥婆聲阿脩羅
聲迦樓羅聲緊那羅聲摩睺羅伽聲火聲水
聲風聲地獄聲畜生聲餓鬼聲比丘聲比丘尼

聲聲聞聲辟支佛聲菩薩聲佛聲以要言
之三千大千世界中一切內外所有諸聲雖得
天耳以父母所生清淨常耳皆悉聞知如是
分別種種音聲而不壞耳根尒時世尊欲
重宣此義而說偈言
父母所生耳　清淨无濁穢　以此常耳聞　三千世界聲
象馬車牛聲　鍾鈴螺鼓聲　琴瑟箜篌聲　簫笛之音聲
清淨好歌聲　聽之而不著　无數種人聲　聞悉能解了
又聞諸天聲　微妙之歌音　及聞男女聲　童男童女聲
山川嶮谷中　迦陵頻伽聲　命命等諸鳥　悉聞其音聲
地獄衆苦痛　種種楚毒聲　餓鬼飢渴逼　求索飲食聲
諸阿脩羅等　居在大海邊　自共語言時　出于大音聲
如是說法者　安住於此間　遙聞是衆聲　而不壞耳根
十方世界中　禽獸鳴相呼　其說法之人　於此悉聞之

如是說法者 安住於此間 遙聞是衆聲 而不壞耳根
十方世界中 禽獸鳴相呼 其說法之人 於此悉聞之
其諸梵天上 光音及遍淨 乃至有頂天 言語之音聲
法師住於此 悉皆得聞之 一切比丘衆 及諸比丘尼
若讀誦經典 若為他人說 法師住於此 悉皆得聞之
復有諸菩薩 讀誦於經法 若為他人說 撰集解其義
如是諸音聲 悉皆得聞之 諸佛大聖尊 教化衆生者
於諸大衆中 演說微妙法 持此法華者 悉皆得聞之
三千大千界 內外諸音聲 下至阿鼻獄 上至有頂天
皆聞其音聲 而不壞耳根 其耳聰利故 悉能分別知
持是法華者 雖未得天耳 但用所生耳 功德已如是
復次常精進 若善男子善女人受持是經 若讀
若誦若解說若書寫 成就八百鼻功德 以
是清淨鼻根 聞於三千大千世界上下內外種

種諸香須曼那華香闍提華香末利華香
瞻蔔華香波羅羅華香赤蓮華香青蓮華香
白蓮華香華樹香菓樹香栴檀香沈水香多
摩羅跋香多伽羅香及千万種和香若末若
丸若塗香持是經者於此間住悉能分別又
復別知衆生之香象香馬香牛羊等香男香
女香童子香童女香及草木叢林香若近若
遠所有諸香悉皆得聞分別不錯持是經者
雖住於此亦聞天上諸天之香波利質多羅
拘鞞陀羅樹香及曼陀羅華香摩訶曼陀羅
華香曼殊沙華香摩訶曼殊沙華香栴檀沈
水種種末香諸雜華香如是等天香和合所
出之香無不聞知又聞諸天身香釋提桓因在
勝殿上五欲娛樂嬉戲時香若在妙法堂上
爲忉利諸天說法時香若於諸園遊戲時

BD00466　妙法蓮華經卷六

勝殿上五欲娛樂嬉戲時香 若在妙法堂上
為忉利諸天說法時香 若於諸園遊戲時
香及餘天等男女身香 皆悉遙聞 如是展轉
乃至梵世上至有頂諸天身香 亦皆聞之 并
聞諸天所燒之香 及聲聞香 辟支佛香 菩薩
香 諸佛身香 亦皆遙聞 知其所在 雖聞此香
然於鼻根不壞不錯 若欲分別為他人說 憶
念不謬 尒時世尊欲重宣此義而說偈言
是人鼻清淨 於此世界中 若香若臭物 種種悉聞知
須曼那闍提 多摩羅栴檀 沉水及桂香 種種華菓香
及知衆生香 男子女人香 說法者遠住 聞香知所在
大勢轉輪王 小轉輪及子 群臣諸宮人 聞香知所在
身所著珎寶 及地中寶藏 轉輪王寶女 聞香知所在
諸人嚴身具 衣服及瓔珞 種種所塗香 聞則知其身

諸天若行坐　遊戲及神變　持是法華者　聞香悉能知
諸樹華菓實　及蘇油香氣　持經者住此　悉知其所在
諸山深嶮處　栴檀樹華敷　衆生在中者　聞香皆能知
鐵圍山大海　地中諸衆生　持經者聞香　悉知其所在
阿脩羅男女　及其諸眷屬　鬪諍遊戲時　聞香皆能知
曠野險隘處　師子象虎狼　野牛水牛等　聞香知所在
若有懷妊者　未辯其男女　无根及非人　聞香悉能知
以聞香力故　知其初懷妊　成就不成就　安樂産福子
以聞香力故　知男女所念　染欲癡恚心　亦知脩善者
地中衆伏藏　金銀諸珎寶　銅器之所盛　聞香悉能知
種種諸瓔珞　无能識其價　聞香知貴賤　出處及所在
天上諸華等　曼陁曼殊沙　波利質多樹　聞香悉能知
天上諸宮殿　上中下差別　衆寶華莊嚴　聞香悉能知
天園林勝殿　諸觀妙法堂　在中而娛樂　聞香悉能知
諸天若聽法　或受五欲時　來往行坐卧　聞香悉能知

天園林勝殿　諸觀妙法堂　在中而娛樂　聞香悉能知
諸天若聽法　或受五欲時　來往行坐卧　聞香悉能知
天女所著衣　好華香莊嚴　周旋遊戲時　聞香悉能知
如是展轉上　乃至於梵世　入禪出禪者　聞香悉能知
光音遍淨天　乃至于有頂　初生及退沒　聞香悉能知
諸比丘衆等　於法常精進　若坐若經行　及讀誦經法
或在林樹下　專精而坐禪　持經者聞香　悉知其所在
菩薩志堅固　坐禪若讀誦　或為人說法　聞香悉能知
在在方世尊　一切所恭敬　愍衆而說法　聞香悉能知
衆生在佛前　聞經皆歡喜　如法而脩行　聞香悉能知
雖未得菩薩　无漏法生鼻　而是持經者　先得此鼻相
復次常精進　若善男子善女人受持是經若
讀若誦若解說若書寫得千二百舌功德若好
若醜若美不美及諸苦澀物在其舌根皆變

成上味如天甘露无不美者若以舌根於
大衆中有所演說出深妙聲能入其心皆令
歡喜快樂又諸天子天女釋梵諸天聞是深
妙音聲有所演說言論次第皆悉來聽及諸
龍龍女夜叉夜叉女乾闥婆乾闥婆女阿脩
羅阿脩羅女迦樓羅迦樓羅女緊那羅緊那
羅女摩睺羅伽摩睺羅伽女為聽法故皆來
親近恭敬供養及比丘比丘尼優婆塞優婆
夷國王王子羣臣眷屬小轉輪王大轉輪王七
寶千子內外眷屬乘其宮殿俱來聽法以
是菩薩善說法故婆羅居士國內人民盡
其形壽隨侍供養又諸聲聞辟支佛菩薩
諸常佛樂見之是人所在方面諸佛皆向其處
說法悉能受持一切佛法又能出於深妙法

說法悉能受持一切佛法又能出於深妙法
音尒時世尊欲重宣此義而說偈言
是人舌根淨　終不受惡味　其有所食噉　悉皆成甘露
以清淨妙音　於大衆說法　以諸因緣喻　引導衆生心
聞者皆歡喜　設諸上供養　諸天龍夜叉　及阿脩羅等
皆以恭敬心　而共來聽法　是說法之人　若欲以妙音
遍滿三千界　隨意即能至　大小轉輪王　及千子眷屬
合掌恭敬心　常來聽受法　諸天龍夜叉　羅刹毗舍闍
亦以歡喜心　常樂來供養　梵天王魔王　自在大自在
如是諸天衆　常來至其所　諸佛及弟子　聞其說法音
常念而守護　或時為現身
復次常精進若善男子善女人受持是經若
讀若誦若解說若書寫得八百身功德得清淨
身如淨琉璃衆生憙見其身淨故三千大

千世界眾生生時死時上下好醜生善處惡
處悉於中現及鐵圍山大鐵圍山弥樓山摩
訶弥樓山等諸山及其中眾生悉於中現下
至阿鼻地獄上至有頂所有及眾生悉於中
現若聲聞辟支佛菩薩諸佛說法皆於身中
現其色像尒時世尊欲重宣此義而說偈言
若持法華者　其身甚清淨　如彼淨瑠璃　眾生皆喜見
又如淨明鏡　悉見諸色像　菩薩於淨身　皆見世所有
唯獨自明了　餘人所不見　三千世界中　一切諸群萠
天人阿脩羅　地獄鬼畜生　如是諸色像　皆於身中現
諸天等宮殿　乃至於有頂　鐵圍及弥樓　摩訶弥樓山
諸大海水等　皆於身中現　諸佛及聲聞　佛子菩薩等
若獨若在眾　說法悉皆現　雖未得无漏　法性之妙身
以清淨常體　一切於中現

以清淨常體　一切於中現
復次常精進若善男子善女人如來滅後受
持是經若讀若誦若解說若書寫得千二百
意功德以是清淨意根乃至聞一偈一句通
達无量无邊之義解是義已能演說一句一
偈至於一月四月乃至一歲諸所說法隨其義
趣皆與實相不相違背若說俗間經書治世
語言資生業等皆順正法三千大千世界六
趣衆生心之所行心所動作心所戲論皆
悉知之雖未得无漏智慧而其意根清淨
如此是人有所思惟籌量言說皆是佛法无不
真實亦是先佛經中所說尒時世尊欲重宣
此義而說偈言
是人意清淨　明利无穢濁　以此妙意根　知上中下法

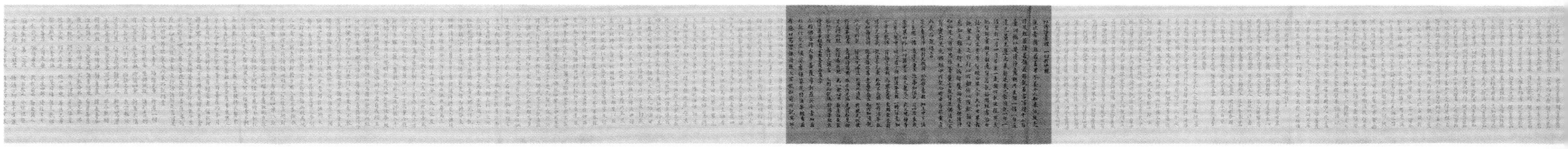

乃至聞一偈　通達无量義　次第如法說　月四月至歲
是世界內外　一切諸衆生　若天龍及人　夜叉鬼神等
其在六趣中　所念若干種　持法華之報　一時皆悉知
十方无數佛　百福莊嚴相　為衆生說法　悉聞能受持
思惟无量義　說法亦无量　終始不忘錯　以持法華故
悉知諸法相　隨義識次第　達名字語言　如所知演說
此人有所說　皆是先佛法　以演此法故　於衆无所畏
持法華經者　意根淨若斯　雖未得无漏　先有如是相
是人持此經　安住希有地　為一切衆生　歡喜而愛敬
能以千万種　善巧之語言　分別而說法　持法華經故

妙法蓮華經常不輕菩薩品第二十

尒時佛告得大勢菩薩摩訶薩　汝今當知若
比丘比丘尼優婆塞優婆夷持法華經者若
有惡口罵詈誹謗獲大罪報如前所說其所

有惡口罵詈誹謗獲大罪報如前所說其所
得功德如向所說眼耳鼻舌身意清淨得大
勢乃往古昔過无量无邊不可思議阿僧祇
劫有佛名威音王如來應供正遍知明行足
善逝世間解无上士調御丈夫天人師佛世
尊劫名離衰國名大成其威音王佛於彼世
中為天人阿脩羅說法為求聲聞者說應四
諦法度生老病死究竟涅槃為求辟支佛者
說應十二因緣法為諸菩薩因阿耨多羅三
藐三菩提說應六波羅蜜法究竟佛慧得
大勢是威音王佛壽四十万億那由他恒河
沙劫正法住世劫數如一閻浮提微塵像法
住世劫數如四天下微塵其佛饒益衆生已然
後滅度正法像法滅盡之後於此國土復有

佛出亦号威音王如来應供正遍知明行足
善逝世間解无上士調御丈夫天人師佛世
尊如是次第有二万億佛皆同一号最初威
音王如来既已滅度正法滅後於像法中增
上慢比丘有大勢力尒時有一菩薩比丘名
常不輕得大勢以何因緣名常不輕是比丘
凡有所見若比丘比丘尼優婆塞優婆夷皆
悉礼拜讚嘆而作是言我深敬汝等不敢輕
慢所以者何汝等皆行菩薩道當得作佛而
是比丘不專讀誦經典但行礼拜乃至遠見
四衆亦復故往礼拜讚嘆而作是言我不敢
輕於汝等汝等皆當作佛故四衆之中有生瞋
恚心不淨者惡口罵詈言是无智比丘從何
所来自言我不輕汝而與我等受記當得

所來自言我不輕汝而與我等受記當得
作佛我等不用如是虛妄受記如此經歷多
年常被罵詈不生瞋恚常作是言汝當作佛
說是語時衆人或以杖木瓦石而打擲之避走
遠住猶高聲唱言我不敢輕於汝等汝等
皆當作佛以其常作是語故增上慢比丘比
丘尼優婆塞優婆夷号之為常不輕是比丘
臨欲終時於虛空中具聞威音王佛先所說
法華經二十千万億偈悉能受持即得如上
眼根清淨耳鼻舌身意根清淨得是六根清
淨已更增壽命二百万億那由他歲廣為人
說是法華經於時增上慢四衆比丘比丘尼
優婆塞優婆夷輕賤是人為作不輕名者見
其得大神通力樂說辯力大善寂力聞其所

說皆信伏隨從是菩薩復化千万億衆令住
阿耨多羅三藐三菩提命終之後得值二千
億佛皆号日月燈明於其法中說是法華經
以是因緣復值二千億佛同号雲自在燈王
於此諸佛法中受持讀誦為諸四衆說此經
典故得是常眼清淨耳鼻舌身意諸根清淨
於四衆中說法心无所畏得大勢是常不輕
菩薩摩訶薩供養如是若干諸佛恭敬尊重
讚嘆種諸善根於後復值千万億佛亦於諸
佛法中說是經典功德成就當得作佛得大
勢於意云何尒時常不輕菩薩豈異人乎則
我身是若我於宿世不受持讀誦此經為他
人說者不能疾得阿耨多羅三藐三菩提我
於先佛所受持讀誦此經為人說故疾得阿

於先佛所受持讀誦此經為人說故疾得阿
耨多羅三藐三菩提得大勢彼時四衆比丘
比丘尼優婆塞優婆夷以瞋恚意輕賤我故
二百億劫常不值佛不聞法不見僧千劫於
阿鼻地獄受大苦惱畢是罪已復遇常不輕
菩薩教化阿耨多羅三藐三菩提得大勢於
汝意云何尒時四衆常輕是菩薩者豈異人
乎今此會中䟦陁婆羅等五百菩薩師子月
等五百比丘尼思佛等五百優婆塞皆於阿
耨多羅三藐三菩提不退轉者是得大勢當
知是法華經大饒益諸菩薩摩訶薩能令至
於阿耨多羅三藐三菩提是故諸菩薩摩訶
薩於如來滅後常應受持讀誦解說書寫是
經尒時世尊欲重宣此義而說偈言

過去有佛　號威音王　神智无量　將道一切
天人龍神　所共供養　是佛滅後　法欲盡時
有一菩薩　名常不輕　時諸四衆　計著於法
不輕菩薩　往到其所　而語之言　我不輕汝
汝等行道　皆當作佛　諸人聞已　輕毀罵詈
不輕菩薩　能忍受之　其罪畢已　臨命終時
得聞此經　六根清淨　神通力故　增益壽命
復為諸人　廣說是經　諸著法衆　皆蒙菩薩
教化成就　令住佛道　不輕命終　值无數佛
說是經故　得无量福　漸具功德　疾成佛道
彼時不輕　則我身是　時四部衆　著法之者
聞不輕言　汝當作佛　以是因緣　值无數佛
此會菩薩　五百之衆　并及四部　清信士女
今於我前　聽法者是　我於前世　勸是諸人

BD00466　妙法蓮華經卷六

今於我前　聽法者是　我於前世　勸是諸人
聽受斯經　第一之法　開示教人　令住涅槃
世世受持　如是經典　億億万劫　至不可議
時乃得聞　是法華經　億億万劫　至不可議
諸佛世尊　時說是經　是故行者　於佛滅後
聞如是經　勿生疑惑　應當一心　廣說此經
世世值佛　疾成佛道

妙法蓮華經如来神力品第二十一

尒時千世界微塵等菩薩摩訶薩從地踊出者
皆於佛前一心合掌瞻仰尊顔而白佛言世
尊我等於佛滅後世尊分身所在國土滅
度之處當廣說此經所以者何我等亦自欲
得是真淨大法受持讀誦解說書寫而供養
之尒時世尊於文殊師利等无量百千万億舊

住娑婆世界菩薩摩訶薩及諸比丘比丘
尼優婆塞優婆夷天龍夜叉乾闥婆阿脩羅
迦樓羅緊那羅摩睺羅伽人非人等一切衆
前現大神力出廣長舌上至梵世一切毛孔
放於无量无數色光皆悉遍照十方世界衆
寶樹下師子座上諸佛亦復如是出廣長舌
放无量光釋迦牟尼佛及寶樹下諸佛現神
力時滿百千歲然後還攝舌相一時謦欬俱
共彈指是二音聲遍至十方諸佛世界地皆六
種震動其中衆生天龍夜叉乾闥婆阿脩羅
迦樓羅緊那羅摩睺羅伽人非人等以佛神
力故皆見此娑婆世界无量无邊百千万億
衆寶樹下師子座上諸佛及見釋迦牟尼佛
共多寶如來在寶塔中坐師子座又見无量

共多寶如來在寶塔中坐師子座又見无量
无邊百千万億菩薩摩訶薩及諸四衆恭敬
圍繞釋迦牟尼佛既見是已皆大歡喜得未
曾有即時諸天於虛空中高聲唱言過此无
量无邊百千万億阿僧祇世界有國名娑
婆是中有佛名釋迦牟尼今為諸菩薩摩訶
薩說大乘經名妙法蓮華教菩薩法佛所護
念汝等當深心隨喜亦當禮拜供養釋迦牟
尼佛彼諸衆生聞虛空中聲已合掌向娑婆
世界作如是言南无釋迦牟尼佛南无釋迦牟
尼佛以種種華香瓔珞幡蓋及諸嚴身之具
珎寶妙物皆共遥散娑婆世界所散諸物從
十方來譬如雲集變成寶帳遍覆此間諸
佛之上于時十方世界通達无礙如一佛土

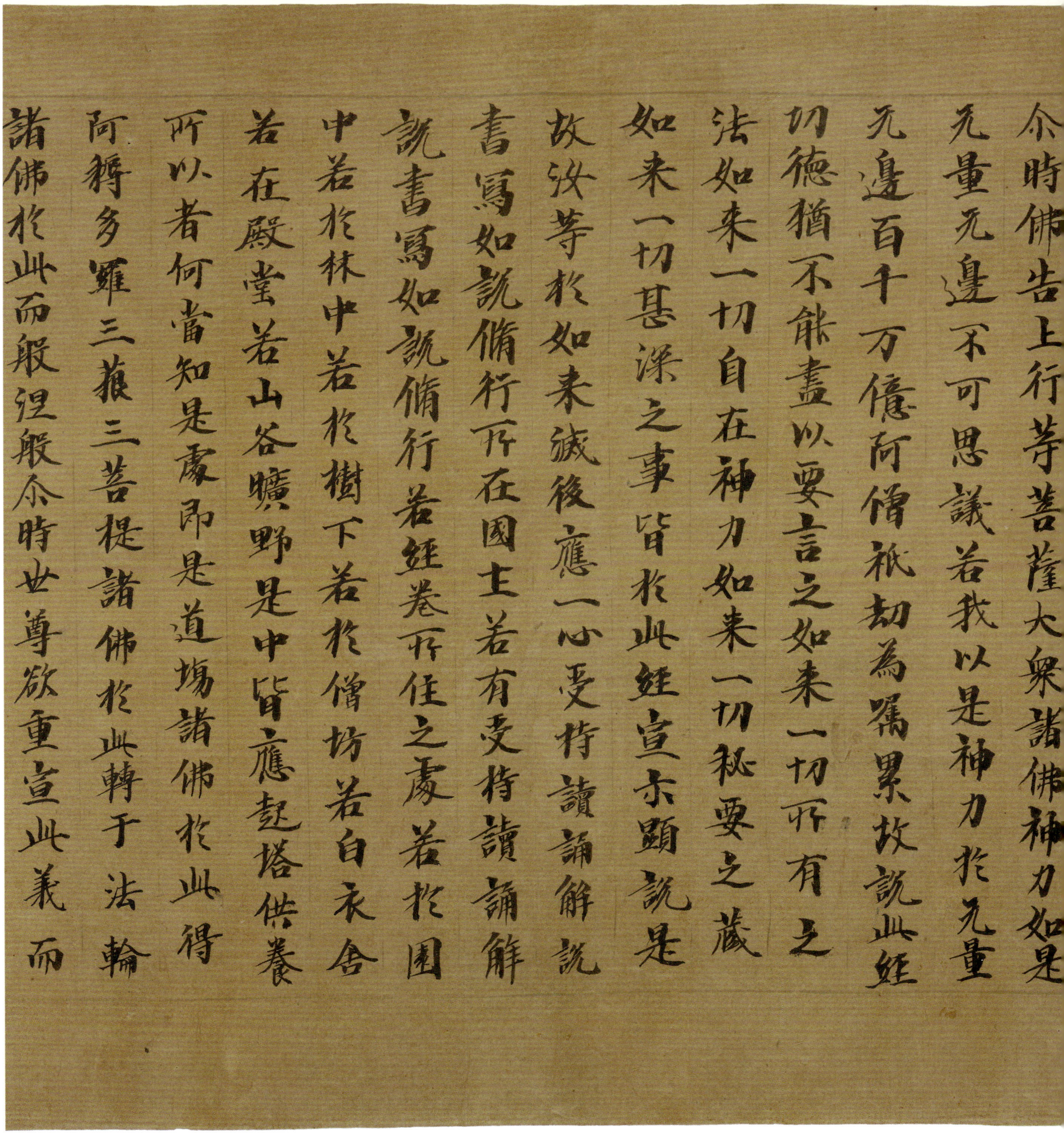

尒時佛告上行等菩薩大衆諸佛神力如是
无量无邊不可思議若我以是神力於无量
无邊百千万億阿僧祇劫爲囑累故說此經
功德猶不能盡以要言之如來一切所有之
法如來一切自在神力如來一切秘要之藏
如來一切甚深之事皆於此經宣示顯說是
故汝等於如來滅後應一心受持讀誦解說
書寫如說脩行所在國土若有受持讀誦解
說書寫如說脩行若經卷所住之處若於園
中若於林中若於樹下若於僧坊若白衣舍
若在殿堂若山谷曠野是中皆應起塔供養
所以者何當知是處即是道場諸佛於此得
阿耨多羅三藐三菩提諸佛於此轉于法輪
諸佛於此而般涅槃尒時世尊欲重宣此義而

BD00466　妙法蓮華經卷六

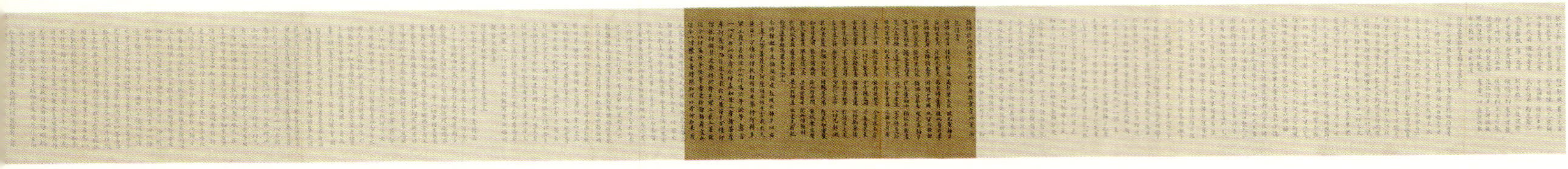

諸佛於此而般涅槃尒時世尊欲重宣此義而
說偈言
諸佛救世者　住於大神通　為說衆生故　現无量神力
舌相至梵天　身放无數光　為求佛道者　現此希有事
諸佛謦欬聲　及彈指之聲　周聞十方國　地皆六種動
以佛滅度後　能持是經故　諸佛皆歡喜　現无量神力
囑累是經故　讚美受持者　於无量劫中　猶故不能盡
是人之功德　无邊无有窮　如十方虛空　不可得邊際
能持是經者　則為已見我　亦見多寶佛　及諸分身者
又見我今日　教化諸菩薩　能持是經者　令我及分身
滅度多寶佛　一切皆歡喜　十方現在佛　并過去未來
亦見亦供養　亦令得歡喜　諸佛坐道場　所得祕要法
能持是經者　不久亦當得　能持是經者　於諸法之義
名字及言辭　樂說无窮盡　如風於空中　一切无鄣礙

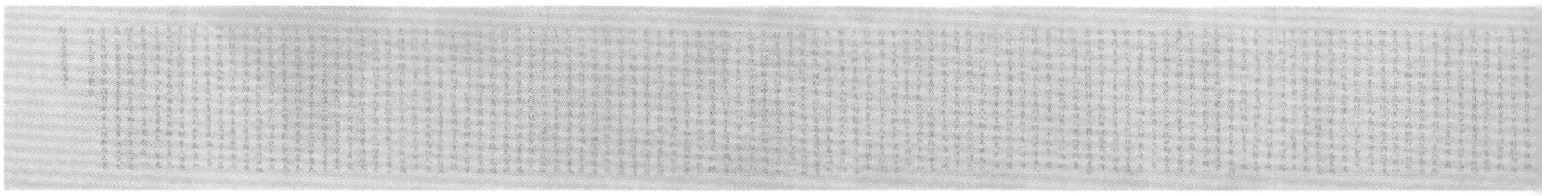

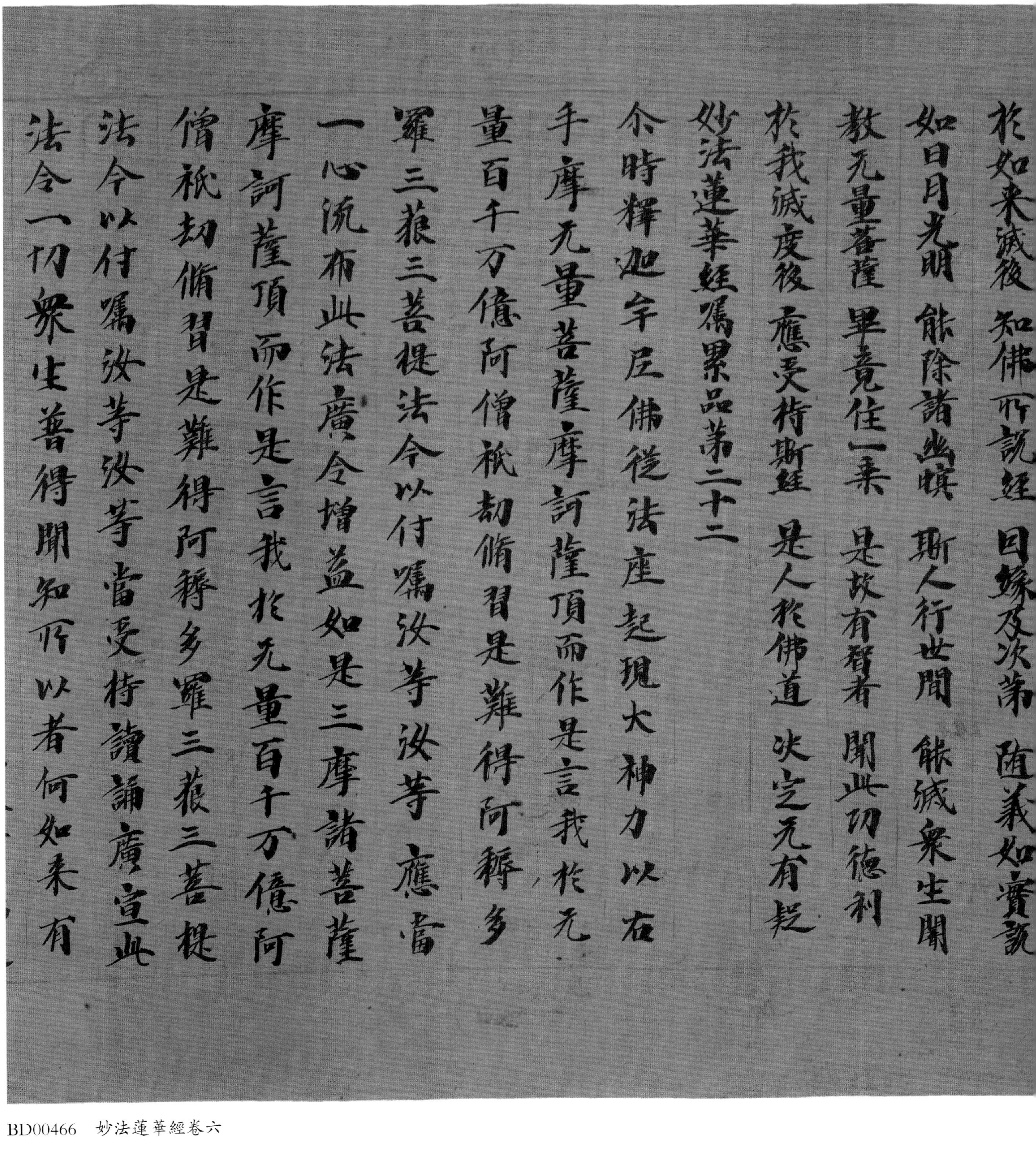

於如來滅後　知佛所說經　因緣及次第　隨義如實說
如日月光明　能除諸幽冥　斯人行世間　能滅衆生闇
教无量菩薩　畢竟住一乘　是故有智者　聞此功德利
於我滅度後　應受持斯經　是人於佛道　決定无有疑
妙法蓮華經囑累品第二十二
尒時釋迦牟尼佛從法座起現大神力以右
手摩无量菩薩摩訶薩頂而作是言我於无
量百千万億阿僧祇劫脩習是難得阿耨多
羅三藐三菩提法今以付囑汝等汝等應當
一心流布此法廣令增益如是三摩諸菩薩
摩訶薩頂而作是言我於无量百千万億阿
僧祇劫脩習是難得阿耨多羅三藐三菩提
法今以付囑汝等汝等當受持讀誦廣宣此
法令一切衆生普得聞知所以者何如來有

BD00466　妙法蓮華經卷六

法令一切衆生普得聞知所以者何如來有
大慈悲无諸慳悋亦无所畏能與衆生佛之
智慧如來智慧自然智慧如是一切衆生
之大施主汝等亦應隨學如來之法勿生慳
悋於未來世若有善男子善女人信如來智
慧者當為宣說此法華經使得聞知為令其
人得佛慧故若有衆生不信受者當於如來
餘深法中示教利喜汝等若能如是則為已
報諸佛之恩時諸菩薩摩訶薩聞佛作是說
已皆大歡喜遍滿其身益加恭敬曲躬低頭
合掌向佛俱發聲言如世尊勑當具奉行唯
然世尊願不有慮諸菩薩摩訶衆如是三
反俱發聲言如世尊勑當具奉行唯然世尊
願不有慮尒時釋迦牟尼佛令十方來諸分

身佛各還本土而作是言諸佛各隨所安多
寶佛塔還可如故說是語時十方无量分身
諸佛坐寶樹下師子座上者及多寶佛并上
行等无邊阿僧祇菩薩大衆舍利弗等聲
聞四衆及一切世間天人阿脩羅等聞佛所
說皆大歡喜

妙法蓮華經藥王菩薩本事品第二十三

尒時宿王華菩薩白佛言世尊藥王菩薩云
何遊於娑婆世界世尊是藥王菩薩有若干
百千万億那由他難行苦行善哉世尊願少
解說諸天龍神夜叉乾闥婆阿脩羅迦樓羅
緊那羅摩睺羅伽人非人等又他方國土諸來
菩薩及此聲聞衆聞皆歡喜尒時佛告宿王
華菩薩乃往過去无量恒河沙劫有佛号曰

華菩薩及往過去无量恒河沙劫有佛号曰
月淨明德如来應供正遍知明行足善逝世
間解无上士調御丈夫天人師佛世尊其佛
有八十億大菩薩摩訶薩七十二恒河沙大
聲聞衆佛壽四万二千劫菩薩壽命亦等彼
國无有女人地獄餓鬼畜生阿脩羅等及以
諸難地平如掌瑠璃所成寶樹莊嚴寶帳覆
上垂寶華幡寶瓶香爐周遍國界七寶為
臺一樹一臺其樹去臺盡一箭道此諸寶樹
皆有菩薩聲聞而坐其下諸寶臺上各有百
億諸天作天伎樂歌嘆於佛以為供養尒時
彼佛為一切衆生喜見菩薩及衆菩薩諸聲聞
衆說法華經是一切衆生喜見菩薩樂習苦
行於日月淨明德佛法中精進經行一心求佛

滿万二千歲已得現一切色身三昧得此
三昧已心大歡喜即作念言我得現一切色
身三昧皆是得聞法華經力我今當供養日
月淨明德佛及法華經即時入是三昧於虛
空中雨曼陀羅華摩訶曼陀羅華細末堅黑
栴檀滿虛空中如雲而下又雨海此岸栴檀
之香此香六銖價直娑婆世界以供養佛作
是供養已從三昧起而自念言我雖以神力
供養於佛不如以身供養即服諸香栴檀薰
陸兜樓畢力迦沉水膠香又飲瞻蔔諸華香
油滿千二百歲已香油塗身於日月淨明
德佛前以天寶衣而自纏身灌諸香油以神
通力願而自然身光明遍照八十億恒河沙
世界其中諸佛同時讚言善哉善哉善男子

BD00466　妙法蓮華經卷六

通力願而自然身光明遍照八十億恒河沙
世界其中諸佛同時讚言善哉善哉善男子
是真精進是名真法供養如來若以華香瓔
珞燒香末香塗香天繒幡蓋及海此岸栴檀
之香如是等種種諸物供養所不能及假使
國城妻子布施亦所不及善男子是名第一
之施於諸施中最尊最上以法供養諸如來
故作是語已而各嘿然其身火然千二百歲
過是已後其身乃盡一切衆生喜見菩薩作
如是法供養以命終之後復生日月淨明德
佛國中於淨德王家結跏趺坐忽然化生即
為其父而說偈言
大王今當知　我經行彼處　即時得一切　現諸身三昧
懃行大精進　捨所愛之身

說是偈已而白父言日月淨明德佛今故現
在我先供養佛已得解一切眾生語言陀羅
尼復聞是法華經八百千万億那由他甄迦
羅頻婆羅阿閦婆等偈大王我今當還供養
此佛白已即坐七寶之臺上昇虛空高七多
羅樹往到佛所頭面礼足合十指爪以偈讚佛
容顏甚奇妙　光明照十方　我適曾供養　今復還親近
尒時一切眾生喜見菩薩說是偈已而白佛
言世尊世尊猶故在世尒時日月淨明德佛告
一切眾生喜見菩薩善男子我涅槃時到
滅盡時至汝可安施床座我於今夜當般涅
槃又勑一切眾生喜見菩薩善男子我以佛
法囑累於汝及諸菩薩大弟子并阿耨多羅
三藐三菩提法亦以三千大千七寶世界諸

BD00466　妙法蓮華經卷六

法囑累於汝及諸菩薩大弟子并阿耨多羅
三藐三菩提法亦以三千大千七寶世界諸
寶樹寶臺及給侍諸天悉付於汝我滅度後
所有舍利亦付囑汝當令流布廣設供養應
起若干千塔如是日月淨明德佛勅一切衆
生憙見菩薩已於夜後分入於涅槃尒時一
切衆生憙見菩薩見佛滅度悲感懊惱戀慕
於佛即以海此岸栴檀為𧂐供養佛身而以
燒之火滅已後收取舍利作八万四千寶瓶
以起八万四千塔高三世界表刹莊嚴垂諸
幡蓋懸衆寶鈴尒時一切衆生憙見菩薩復
自念言我雖作是供養心猶未足我今當更
供養舍利便語諸菩薩大弟子及天龍夜叉
等一切大衆汝等當一心念我今供養日月

淨明德佛舍利作是語已即於八万四千塔
前然百福庄嚴臂七万二千歲而以供養令
无數求聲聞衆无量阿僧秖人發阿耨多羅
三藐三菩提心皆使得住現一切色身三昧
尒時諸菩薩天人阿脩羅等見其无臂憂惱
悲哀而作是言此一切衆生喜見菩薩是我
等師教化我者而今燒臂身不具足于時一
切衆生憙見菩薩於大衆中立此誓言我捨
兩臂必當得佛金色之身若實不虛令我兩
臂還復如故作是誓已自然還復由斯菩薩
福德智慧淳厚所致當尒之時三千大千世
界六種震動天雨寶華一切人天得未曾有
佛告宿王華菩薩於汝意云何一切衆生喜見
菩薩豈異人乎藥王菩薩是也其所捨身

BD00466　妙法蓮華經卷六

佛告宿王華菩薩於汝意云何一切衆生憙見
菩薩豈異人乎藥王菩薩是也其所捨身
布施如是无量百千万億那由他數宿王華
若有發心欲得阿耨多羅三藐三菩提者能
然手指乃至足一指供養佛塔勝以國城妻
子及三千大千國土山林河池諸珍寶物而供
養者若復有人以七寶滿三千大千世
界供養於佛及大菩薩辟支佛阿羅漢是人
所得功德不如受持此法華經乃至一四句
偈其福最多宿王華譬如一切川流江河諸
水之中海為第一此法華經亦復如是於諸
如來所說經中最為深大又如土山黒山小
鐵圍山大鐵圍山及十寶山衆山之中須弥
山為第一此法華經亦復如是於諸經中最

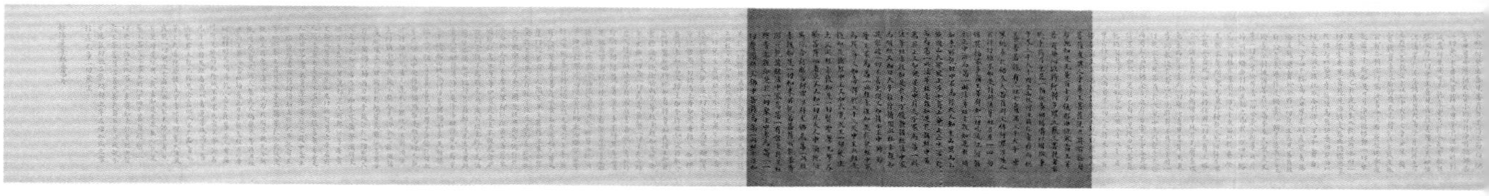

為其上又如衆星之中月天子最為第一此
法華經亦復如是於千万億種諸經法中最
為明照又如日天子能除諸闇此經亦復如
是能破一切不善之闇又如諸小王中轉輪
聖王最為第一此經亦復如是於衆經中最
為其尊又如帝釋於三十三天中王此經亦
復如是諸經中王又如大梵天王一切衆生
之父此經亦復如是一切賢聖學无學及
發菩薩心者之父又如一切凡夫人中須陀洹
斯陀含阿那含阿羅漢辟支佛為第一此經
亦復如是一切如來所說若菩薩所說若聲
聞所說諸經法中最為第一有能受持是經
典者亦復如是於一切衆生中亦為第一一
切聲聞辟支佛中菩薩為第一此經亦復如

典者亦復如是於一切衆生中亦為第一
切聲聞辟支佛中菩薩為第一此經亦復如
是於一切諸經法中最為第一如佛為諸法
王此經亦復如是諸經中王宿王華此經能救
一切衆生者此經能令一切衆生離諸苦
惱此經能大饒益一切衆生充滿其願如清
涼池能滿一切諸渴乏者如寒者得火如裸
者得衣如商人得主如子得母如渡得船如
病得醫如暗得燈如貧得寶如民得王如賈
客得海如炬除暗此法華經亦復如是能令
衆生離一切苦一切病痛能解一切生死之縛
若人得聞此法華經若自書若使人書所得
功德以佛智慧籌量多少不得其邊若書
是經卷華香瓔珞燒香末香塗香旛蓋衣服

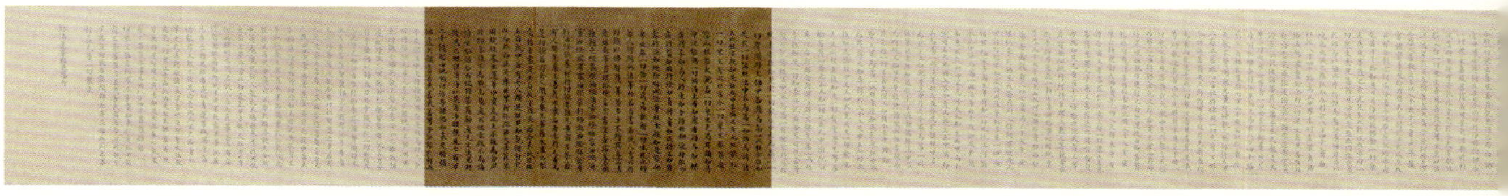

種種之燈蘇燈油燈諸香油燈瞻蔔油燈須
曼那油燈波羅羅油燈婆利師迦油燈那婆摩
利油燈供養所得功德亦復无量宿王華若
有人聞是藥王菩薩本事品者亦得无量无
邊功德若有女人聞是藥王菩薩本事品能
受持者盡是女身後不復受若如來滅後後
五百歲中若有女人聞是經典如說脩行於
此命終即往安樂世界阿弥陀佛大菩薩衆
圍繞住處生蓮華中寶座之上不復為貪欲
所惱亦復不為瞋恚愚癡所惱亦復不為憍
慢嫉妬諸垢所惱得菩薩神通无生法忍得
是忍已眼根清淨以是清淨眼根見七百万
二千億那由他恒河沙等諸佛如來是時諸
佛遥共讚言善哉善哉善男子汝能於釋迦

二千億那由他恒河沙等諸佛如來是時諸
佛遥共讚言善哉善哉善男子汝能於釋迦
牟尼佛法中受持讀誦思惟是經為他人說
所得福德无量无邊火不能燒水不能漂汝
之功德千佛共說不能令盡汝今已能破諸
魔賊壞生死軍諸餘怨敵皆悉摧滅善男子
百千諸佛以神通力共守護汝於一切世間天
人之中无如汝者唯除如來其諸聲聞辟支
佛乃至菩薩智慧禪定无有與汝等者宿
王華此菩薩成就如是功德智慧之力若有
人聞是藥王菩薩本事品能隨喜讚善者是
人現世口中常出青蓮華香身毛孔中常出
牛頭栴檀香所得功德如上所說是故宿王
華以此藥王菩薩本事品囑累於汝我滅度

後後五百歲中廣宣流布於閻浮提无令斷
絶惡魔魔民諸天龍夜叉鳩槃荼等得其便
也宿王華汝當以神通之力守護是經所以者
何此經則為閻浮提人病之良藥若人有病
得聞是經病即除滅不老不死宿王華汝若
見有受持是經者應以青蓮華盛滿末香
供散其上散已作是念言此人不久必當取
草坐於道場破諸魔軍當吹法螺擊大法鼓
度脫一切衆生老病死海是故求佛道者見
有受持是經典人應當如是生恭敬心說是
藥王菩薩本事品時八万四千菩薩得解一
切衆生語言陁羅尼多寶如來於寶塔中讚
宿王華菩薩言善哉善哉宿王華汝成就不
可思議功德乃能問釋迦牟尼佛如此之事

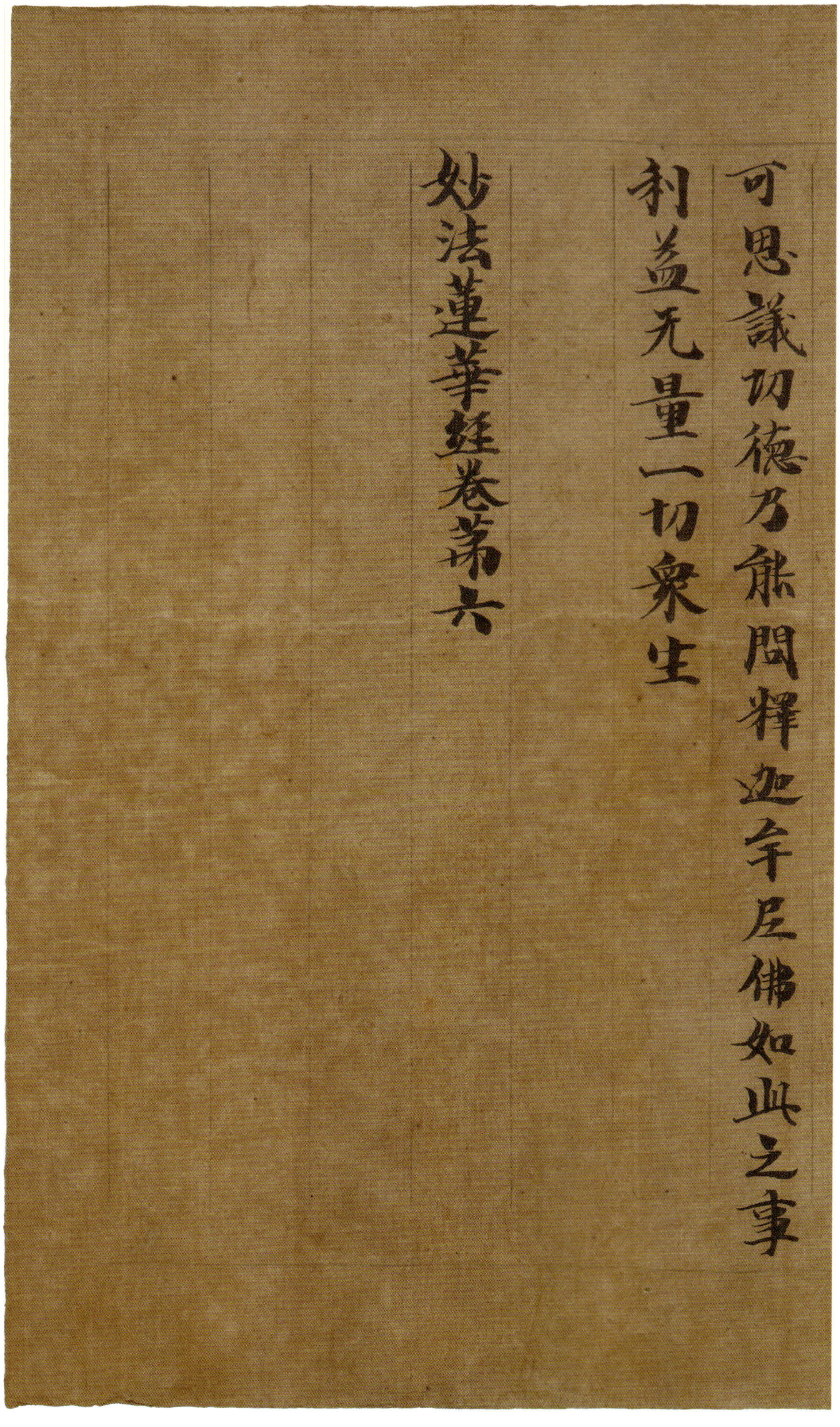

可思議功德乃能問釋迦牟尼佛如此之事
利益无量一切衆生
妙法蓮華經卷第六

BD00467 無量壽宗要經（甲本）

210.5cm × 31cm

大乘无量壽経

如是我聞一時薄伽梵在舍衛國祇樹給孤獨園與大苾芻僧千二百五十人菩薩摩訶薩
衆俱爾時世尊告曼殊室利童子曼殊上方有世界名无量功德聚彼土有佛
号无量智決定王如來阿羅訶三藐三菩提現爲衆生開示說法曼殊師利聽南閻浮提人
皆短壽大限百年於中殀枉死者衆曼殊如是无量壽如來功德名稱法要若有衆生得聞
名号若自書或使人書能爲經供養受持讀誦若於舍宅所住之處以種種花鬘瓔珞
塗香末香而爲供養如其命盡復得延年滿足百歲如是曼殊若有衆生得聞是无
量壽智決定王如來一百八名号者益其長壽若有衆生大命將盡憶念是如來名号更
得增壽如是曼殊若有善男子善女人欲求長壽於是无量壽如來一百八名号有得聞
者或自書若使人書受持讀誦得如是等果報福德具足陁羅尼曰
南謨薄伽勃底一 阿波利蜜哆二 阿喻紇硯娜三 須毗你悉指陁 囉佐耶五 怛他羯他耶六
怛姪他唵七 薩婆桑悉迦囉八 波利輸底 達磨底 伽伽娜 莎訶其特迦底十三 薩婆
婆毗輸底 摩訶娜耶十四 波利婆喇莎訶 十五
世尊復告曼殊室利如是如來一百八名号若有自書或使人書爲經卷受持讀誦如
壽命盡復滿百年壽終此身後往生无量福智世界无量壽淨土陁羅尼曰

壽命書復滿百年壽終此身後往生无量福智世界无量壽淨土陁羅尼曰
南謨薄伽勃底一 阿波利蜜哆二 阿喻紇硯娜三 須毗你旨指陁 囉佐耶 怛他羯他耶六
怛姪他唵七 薩婆桑悉迦羅八 波利輸底 達磨底 伽迦娜 莎訶某特迦底 薩婆婆毗輸
底 摩訶娜耶 波唎婆唎莎訶十五
尒時有九十九姟佛等一時同聲說是无量壽宗要經陁羅尼曰
南謨薄伽勃底 阿波利蜜哆二 阿喻紇硯娜 須毗你旨指陁 囉佐耶 怛他羯他耶六 怛姪
他唵七 薩婆桑悉迦羅八 波利輸底 達磨底 伽迦娜 莎訶某特迦底 薩婆婆毗輸
底 摩訶娜耶十四 波利婆唎莎訶十五
尒時復有一百四姟佛一時同聲說是无量壽宗要經陁羅尼曰
南謨薄伽勃底 阿波利蜜哆二 阿喻紇硯娜三 須毗你旨指陁 囉佐耶 怛他羯他耶 六
怛姪他唵七 薩婆桑悉迦羅八 波利輸底 達磨底 伽迦娜 莎訶某特迦底 薩婆婆毗
輸底 摩訶娜耶 波利婆唎莎訶十五
尒時復有七姟佛一時同聲說是无量壽宗要經陁羅尼曰
南謨薄伽勃底一 阿波利蜜哆二 阿喻紇硯娜三 須毗你旨指陁 囉佐耶 怛他羯他耶六
怛姪他唵七 薩婆桑悉迦羅八 波利輸底 達磨底 伽迦娜 莎訶某特迦底十三 薩婆
婆毗輸底十四 摩訶娜耶 波利婆唎莎訶十五

怛姪他唵七 薩婆桑悉迦囉八 波唎輸底 十達磨底 伽迦娜 莎訶某特伽底十二 薩婆
婆毗輸底十四 摩訶娜耶 波唎婆唎莎訶 十五
尒時復有六十五姟佛一時同聲說是无量壽宗要經陀羅尼曰
南謨薄伽勃底一 阿波唎蜜多二 阿喻紇硯娜三 須毗你悉指陀 囉佐耶五
怛他羯他耶六 怛姪他唵七 薩婆桑悉迦囉八 波唎輸底九 十達磨底 伽伽娜 莎訶某特
伽底 薩婆婆毗輸底十三 摩訶娜耶十四 波唎婆唎莎訶 十五
尒時復有五十五姟佛一時同聲說是无量壽宗要經陀羅尼曰
南謨薄伽勃底一 阿波唎蜜多二 阿喻紇硯娜 須毗你悉指陀 囉佐耶五 怛他羯他耶六
怛姪他唵七 薩婆桑悉伽囉八 波唎輸底 達磨底十 伽迦娜 莎訶某特伽底 薩婆婆
毗輸底 摩訶娜耶 波唎婆唎莎訶 十五
尒時復有四十五姟佛一時同聲說是无量壽宗要經陀羅尼曰
南謨薄伽勃底 阿波唎蜜多二 阿喻紇硯娜 須毗你悉指陀 囉佐耶 怛他羯他耶六
怛姪他唵七 薩婆桑悉迦囉八 波唎輸底 十達磨底 伽迦娜 莎訶某特伽底十四
薩婆婆毗輸底 摩訶娜耶 波唎婆唎莎訶 十五
尒時復有三十六姟佛一時同聲說是无量壽宗要經陀羅尼曰
南謨薄伽勃底一 阿波唎蜜多二 阿喻紇硯娜 須毗你悉指陀 囉佐耶 怛他羯他耶六

南謨薄伽勃底 阿波利蜜哆 阿喻紇硯娜 須毗你悉指陀 囉佐耶 怛他羯他耶
怛姪他唵七 薩婆桑悉迦囉八 波利輸底九 達磨底 伽伽娜 莎訶某特迦底 薩婆婆
毗輸底 摩訶娜耶 波利婆唎莎訶 十五
爾時復有二十五姟佛一時同聲說是无量壽宗要經陀羅尼曰
南謨薄伽勃底 阿波利蜜哆二 阿喻紇硯娜 須毗你悉指陀 囉佐耶 怛他羯他耶六 怛姪他
唵七 薩婆桑悉迦囉八 波利輸底 達磨底 伽伽娜 莎訶某特迦底十三 薩婆婆
毗輸底 摩訶娜耶 十四 波利婆唎莎訶 十五
爾時復有恒河沙姟佛一時同聲說是无量壽宗要經陀羅尼曰
南謨薄伽勃底一 阿波利蜜哆 阿喻紇硯娜 須毗你悉指陀 囉佐耶 怛他羯他耶六
怛姪他唵七 薩婆桑悉迦囉八 波利輸底 達磨底 伽伽娜 莎訶某特迦底十三 薩婆
婆毗輸底 摩訶娜耶 十四 波利婆唎莎訶 十五
善男子若有自書寫教人書寫是无量壽宗要經如其命盡復得長而滿年陀羅尼曰
南謨薄伽勃底一 阿波利蜜哆二 阿喻紇硯娜 須毗你悉指陀 囉佐耶 怛他羯他耶 怛
姪他唵七 薩婆桑悉迦囉八 波利輸底 達磨底 伽伽娜 莎訶某特迦底 薩婆婆
毗輸底 摩訶娜耶 波利婆唎莎訶 十五 若有自書寫教人書寫是无
量壽宗要經讀誦受特畢竟不墮地獄在在所生得宿命智陀羅

量壽宗要經讀誦受持畢竟不墮地獄在在所生得宿命智陀羅
尼曰 南謨薄伽勃底一 阿波唎蜜唦二 阿喻紇硯娜三 須毗你悉指陀四
囉佐耶五 怛他羯他耶六 怛姪他唵七 薩婆桑悉迦囉八 波唎輸底九 達磨底十
伽迦娜十一 莎訶其特迦底十二 薩婆婆毗輸底十三 摩訶娜耶十四 波唎婆嚟莎訶十五
若有自書寫教人書寫是量壽宗要經受持讀誦如同書寫八万四千部經典
陀羅尼曰 南謨薄伽勃底一 阿波唎蜜唦二 阿喻紇硯娜三 須毗你悉指陀四
囉佐耶五 怛他羯他耶六 怛姪他唵七 薩婆桑悉迦囉八 波唎輸底九 達磨底十
伽迦娜十一 莎訶其特迦底十二 薩婆婆毗輸底十三 摩訶娜耶十四 波利婆嚟莎訶十五
若有自書寫教人書寫是无量壽宗要經即是書寫八万四千部建立塔
廟陀羅尼曰 南謨薄伽勃底一 阿波唎蜜唦二 阿喻紇硯娜三 須毗你
悉指陀四 囉佐耶五 怛他羯他耶六 怛姪他唵七 薩婆桑悉迦囉八 波唎輸底九
達磨底十 伽迦娜十一 莎訶其特迦十二 薩婆婆毗輸底十三 摩訶娜耶十四 波唎
婆嚟莎訶十五 若有自書寫教人書寫是无量壽宗要經能消五无間等
一切重罪陀羅尼曰 南謨薄伽勃底一 阿波唎蜜唦二 阿喻紇硯娜三
須毗你悉指陀四 囉佐耶五 怛他羯他耶六 怛姪他唵七 薩婆桑悉迦囉八 波唎輸
底九 達磨底十 伽迦娜十一 莎訶其特迦底十二 薩婆婆毗輸底十三

底九 達磨底十 伽迦娜十一 莎訶某特迦底十二 薩婆婆毗輸底十三
摩訶娜耶十四 波唎婆嚩莎訶 十五 若有自書寫教人寫是无
量壽宗要經受持讀誦設有重猶如須弥盡能除滅陀羅尼曰
南謨薄伽勃底一 阿波唎蜜哆二 阿喻紇硯娜三 須毗你悉指陀四 囉佐耶五
怛他羯他耶六 怛姪他唵七 薩婆桑悉迦囉八 波唎輸底九 達磨底伽迦娜十一
莎訶某特迦底十二 薩婆婆毗輸底十三 摩訶娜耶十四 波唎婆唎莎訶十五
若有自書寫教人書寫是无量壽宗要經受持讀誦若魔魔之眷屬夜叉羅剎不
得其便終无狂死陀羅尼曰
南謨薄伽勃底 阿波唎蜜哆 阿喻紇硯娜 須毗你悉指陀四 囉佐耶五 怛他羯他耶六
怛姪他唵七 薩婆桑悉迦囉八 波唎輸底 達磨底 伽迦娜 莎訶某特迦底 薩婆
婆毗輸底 摩訶娜耶 波唎婆唎莎訶十五
若有自書寫教人書寫是无量壽宗要經受持讀誦當命終時有九十九姟佛現其人
前无數千佛授手能遊一切佛刹莫於此經生於疑惑陀羅尼曰
南謨薄伽勃底 阿波唎蜜哆 阿喻紇硯娜 須毗你悉指陀 囉佐耶 怛他羯他耶六 怛姪他唵七
薩婆桑悉迦囉八 波唎輸底 達磨底 伽迦娜 莎訶某特迦底 薩婆婆毗輸底

薩婆桑悉加囉八 波利輸底 達磨底 伽伽娜 莎訶其特迦底 薩婆婆毗輸底
摩訶娜耶十四 波利婆唎莎訶 十五
若有自書寫教人書寫是无量壽宗要經受持讀誦當得四天大王隨其衛護陀羅尼曰
南謨薄伽勃底 阿波唎蜜哆 阿喻紇硯娜三 須毗你悉指陀 囉佐耶六 怛他羯他耶 怛姪他唵七
薩婆桑悉加囉八 波利輸底九 達磨底 伽伽娜 莎訶其特迦底 薩婆婆毗輸底 摩
訶娜耶十四 波利婆唎莎訶 十五
若有自書寫教人書寫是无量壽宗要經受持讀誦當得往生西方極樂世界阿彌陀淨土陀羅尼曰
南謨薄伽勃底一 阿波唎蜜哆二 阿喻紇硯娜 須毗你悉指陀 囉佐耶五 怛他羯他耶 怛姪他唵七 薩婆
桑悉加囉八 波利輸底 達磨底 伽伽娜 莎訶其特迦底 薩婆婆毗輸底 摩訶
娜耶十四 波利婆唎莎訶 十五
若有方所自書寫使人書寫是无量壽經典之處則為是塔皆應恭敬作礼若是畜生
或為鳥獸得聞是經如是等類皆不久得成一切種智陀羅尼曰
南謨薄伽勃底一 阿波唎蜜哆二 阿喻紇硯娜 須毗你悉指陀 囉佐耶六 怛他羯他耶 怛姪他唵七
薩婆桑悉加囉八 波利輸底 達磨底 伽伽娜 莎訶其特迦底 薩婆婆毗輸底 摩訶娜
耶 波利婆唎莎訶 十五
若有於是无量壽經自書寫若使人書畢竟不受女人之身陀羅尼曰

若有於是无量壽經自書寫若使人書畢竟不受女人之身陀羅尼曰

南謨薄伽勃底 阿波唎蜜哆 阿喻紇硯娜須毗你悉指陀 囉佐耶 怛他羯他耶怛姪他唵七

薩婆桑悉迦囉八 波唎輸底 達磨底 伽迦娜 莎訶某特伽底十二 薩婆婆毗輸底

摩訶娜耶 波唎婆唎莎訶 十五

若有能於是經少分能惠施者等於三千大千世界滿中七寶布施陀羅尼曰

南謨薄伽勃底 阿波唎蜜哆 阿喻紇硯娜三 須毗你悉指陀 囉佐耶 怛他羯他耶 怛姪他唵七

薩婆桑悉迦囉八 波唎輸底 達磨底 伽迦娜 莎訶某特伽底 薩婆婆毗輸底十三

摩訶娜耶 十四 波唎婆唎莎訶 十五

若有能供養是經者則是供養一切諸經等无有異陀羅尼曰

南謨薄伽勃底 阿波唎蜜哆二 阿喻紇硯娜二 須毗你悉指陀 囉佐耶 怛他羯他耶 怛姪他唵

七薩婆桑悉迦囉八 波唎輸底 達磨底 伽迦娜 莎訶某特伽底 薩婆婆毗輸底

摩訶娜耶十五 波唎婆唎莎訶十五

如是毗婆尸佛毗式佛毗舍浮佛 俱留孫佛 俱那含牟尼佛 加葉牟尼佛 若有人以七

寶供養如是七佛其福有限書寫受持是无量壽經典所有功德不可限量陀羅尼曰

南謨薄伽勃底一 阿波唎蜜哆二 阿喻紇硯娜三 須毗你悉指陀四 囉佐耶 怛他羯他耶 怛姪他唵

南謨薄伽勃底一阿波唎蜜哆二阿喻紇硯娜三須毗你悉指陁四囉佐耶 怛他羯他耶 怛姪他唵
薩婆桑悉迦囉八 波唎輸底 達磨底 伽伽娜 莎訶某特迦底 薩婆婆毗輸底 摩
訶娜耶 波唎婆唎莎訶 十五
若有七寶等於須弥以用布施其福上能知其限量是无量壽經典其福不可知數陁羅尼曰
南謨薄伽勃底一阿波唎蜜哆二阿喻紇硯娜三須毗你悉指陁四囉佐耶 怛他羯他耶六 怛姪他唵七 薩婆
桑悉迦囉八 波唎輸底 達磨底 伽伽娜 莎訶某特迦底 薩婆婆毗輸底 摩訶娜
耶十四 波唎婆唎莎訶十五
如是四大海水可知滴數是无量壽經典所生果報不可數量陁羅尼曰
南謨薄伽勃底 阿波唎蜜哆二阿喻紇硯娜 須毗你悉指陁 囉佐耶 怛他羯他耶六 怛姪他唵七
薩婆桑悉迦囉 波唎輸底 達磨底 伽伽娜 莎訶某特迦底 薩婆婆毗輸底 摩訶
娜耶十四 波唎婆唎莎訶 十五
若有自書使人書寫是无量壽經典又能讀持供養即如恭敬供養一切十方佛土如來无有異
陁羅尼曰 南謨薄伽勃底一阿波唎蜜哆 阿喻紇硯娜 須毗你悉指陁 囉佐耶五
怛他羯他耶六 怛姪他唵七 薩婆桑悉迦囉八 波唎輸底 達磨底 伽伽娜 莎訶某特迦底
薩婆婆毗輸底 摩訶娜耶 波唎婆唎莎訶十五
布施力能成正覺 悟布施力人師子 布施力能聲普聞 慈悲階漸最能入

布施力能成正覺　悟布施力入師子　布施力能聲普聞　慈悲階漸最能入

持戒力能成正覺　悟持戒力入師子　持戒力能聲普聞　慈悲階漸最能入

忍辱力能成正覺　悟忍辱力入師子　忍辱力能聲普聞　慈悲階漸最能入

精進力能成正覺　悟精進力入師子　精進力能聲普聞　慈悲階漸最能入

禪定力能成正覺　悟禪定力入師子　禪定力能聲普聞　慈悲皆漸最能入

智慧力能成正覺　悟智慧力入師子　智慧力慧聲普聞　慈悲皆漸最能入

尒時如來說是經已一切世間天人阿脩羅揵闥婆等聞佛所說皆大歡喜信受奉行

佛說无量壽宗要經

BD00468　金剛般若波羅蜜經

（後秦）鳩摩羅什 譯

471.3cm × 25cm

佛告須菩提諸菩薩摩
心所有一切衆生之類若
生若化生若有色若无
若非有想若非无想我
滅度之如是滅度无量
衆生得滅度者何以故
相人相衆生相壽者相
復次須菩提菩薩於法應无所住行於布施
所謂不住色布施不住聲香味觸法布施須
菩提菩薩應如是布施不住於相何以故若
菩薩不住相布施其福德不可思量須菩提
於意云何東方虛空可思量不不也世尊須
菩提南西北方四維上下虛空可思量不不

也世尊須菩提菩薩无住相布施福德亦復
如是不可思量須菩提菩薩但應如所教住
須菩提於意云何可以身相見如來不不也
世尊不可以身相得見如來何以故如來所
說身相即非身相佛告須菩提凡所有相皆
是虛妄若見諸相非相則見如來
須菩提白佛言世尊頗有眾生得聞如是言
說章句生實信不佛告須菩提莫作是說如
來滅後後五百歲有持戒脩福者於此章句
能生信心以此為實當知是人不於一佛二佛
三四五佛而種善根已於无量千萬佛所種
諸善根聞是章句乃至一念生淨信者須菩
提如來悉知悉見是諸眾生得如是无量
福德何以故是諸眾生无復我相人相眾生
相壽者相无法相亦无非法相何以故是諸

BD00468　金剛般若波羅蜜經

福德何以故是諸衆生无復我相人相衆生
相壽者相无法相亦无非法相何以故是諸
衆生若心取相則為著我人衆生壽者若取
法相即著我人衆生壽者何以故若取非法
相即著我人衆生壽者是故不應取法不應
取非法以是義故如來常說汝等比丘知我
說法如筏喻者法尚應捨何況非法
須菩提於意云何如來得阿耨多羅三藐三
菩提耶如來有所說法耶須菩提言如我解佛
所說義无有定法名阿耨多羅三藐三菩提
亦无有定法如來可說何以故如來所說法皆
不可取不可說非法非非法所以者何一切賢
聖皆以无為法而有差別
須菩提於意云何若人滿三千大千世界七

寶以用布施是人所得福德寧為多不須
菩提言甚多世尊何以故是福德即非福德
性是故如来說福德多若復有人於此經中
受持乃至四句偈等為他人說其福勝彼何
以故須菩提一切諸佛及諸佛阿耨多羅三
藐三菩提法皆從此經出須菩提所謂佛法
者即非佛法
須菩提於意云何須陁洹能作是念我得須
陁洹果不須菩提言不也世尊何以故須陁
洹名為入流而无所入不入色聲香味觸法
是名須陁洹須菩提於意云何斯陁含能作
是念我得斯陁含果不須菩提言不也世尊
何以故斯陁含名一往来而實无往来是名
斯陁含須菩提於意云何阿那含能作是念

[illegible]
斯陁含須菩提於意云何阿那含能作是念
我得阿那含果不須菩提言不也世尊何以
故阿那含名為不來而實无來是故名阿那
含須菩提於意云何阿羅漢能作是念我得
阿羅漢道不須菩提言不也世尊何以故實
无有法名阿羅漢世尊若阿羅漢作是念我
得阿羅漢道即為著我人衆生壽者世尊佛
說我得无諍三昧人中最為第一是第一離
欲阿羅漢我不作是念我是離欲阿羅漢世
尊我若作是念我得阿羅漢道世尊則不說
須菩提是樂阿蘭那行者以須菩提實无所
行而名須菩提是樂阿蘭那行
佛告須菩提於意云何如來昔在然燈佛所
於法有所得不世尊如來在然燈佛所[illegible]

實无所得須菩提於意云何菩薩莊嚴佛土
不不也世尊何以故莊嚴佛土者則非莊嚴
是名莊嚴是故須菩提諸菩薩摩訶薩應
如是生清淨心不應住色生心不應住聲香味
觸法生心應无所住而生其心須菩提譬如
有人身如須弥山王於意云何是身為大不
須菩提言甚大世尊何以故佛說非身是名
大身
須菩提如恒河中所有沙數如是沙等恒河
於意云何是諸恒河沙寧為多不須菩提
言甚多世尊但諸恒河尚多无數何況其沙
須菩提我今實言告汝若有善男子善女人
以七寶滿尒所恒河沙數三千大千世界以
用布施得福多不須菩提言甚多世尊佛

BD00468　金剛般若波羅蜜經

用布施得福多不須菩提言甚多世尊佛
告須菩提若善男子善女人於此經中乃至
受持四句偈等為他人說而此福德勝前福
德復次須菩提隨說是經乃至四句偈等當
知此處一切世間天人阿脩羅皆應供養如
佛塔廟何況有人盡能受持讀誦須菩提
當知是人成就最上第一希有之法若是
經典所在之處則為有佛若尊重弟子
尒時須菩提白佛言世尊當何名此經我等
云何奉持佛告須菩提是經名為金剛般若
波羅蜜以是名字汝當奉持所以者何須菩
提佛說般若波羅蜜則非般若波羅蜜須菩
提於意云何如來有所說法不須菩提白佛
言世尊如來无所說須菩提於意云何三十

大千世界所有微塵是為多不須菩提言
甚多世尊須菩提諸微塵如來說非微塵是
名微塵如來說世界非世界是名世界須菩
提於意云何可以三十二相見如來不不也世
尊不可以三十二相得見如來何以故如來說
三十二相即是非相是名三十二相須菩提若
有善男子善女人以恒河沙等身命布施若
復有人於此經中乃至受持四句偈等為他
人說其福甚多
尒時須菩提聞說是經深解義趣涕淚悲泣
而白佛言希有世尊佛說如是甚深經典我
從昔來所得慧眼未曾得聞如是之經世尊
若復有人得聞是經信心清淨則生實相當
知是人成就第一希有功德世尊是實相者

若復有人得聞是經信心清淨則生實相當
知是人成就第一希有功德世尊是實相者
則是非相是故如來說名實相世尊我今得
聞如是經典信解受持不足為難若當來世
後五百歲其有衆生得聞是經信解受持是
人則為第一希有何以故此人无我相人相
衆生相壽者相所以者何我相即是非相人
相衆生相壽者相即是非相何以故離一切
諸相則名諸佛
佛告須菩提如是如是若復有人得聞是
經不驚不怖不畏當知是人甚為希有何以
故須菩提如來說第一波羅蜜非第一波羅
蜜是名第一波羅蜜
須菩提忍辱波羅蜜如來說非忍辱波羅蜜

何以故須菩提如我昔為歌利王割截身體
我於尒時无我相无人相无衆生相无壽者
相何以故我於往昔節節支解時若有我相
人相衆生相壽者相應生瞋恨須菩提又念
過去於五百世作忍辱仙人於尒所世无我相
无人相无衆生相无壽者相是故須菩提菩
薩應離一切相發阿耨多羅三藐三菩提心
不應住色生心不應住聲香味觸法生心
應生无所住心若心有住則為非住是故佛
說菩薩心不應住色布施須菩提菩薩為
利益一切衆生應如是布施如来說一切諸相
即是非相又說一切衆生則非衆生須菩提
如来是真語者實語者如語者不誑語者
不異語者須菩提如来所得法此法无實无虛

BD00468　金剛般若波羅蜜經

不異語者須菩提如来所得法此法无實无虚
須菩提若菩薩心住於法而行布施如人入
闇則无所見若菩薩心不住法而行布施如人
有目日光明照見種種色須菩提當来之世若
有善男子善女人能於此經受持讀誦則為
如来以佛智慧悉知是人悉見是人皆得成
就无量无邊功徳
須菩提若有善男子善女人初日分以恒河
沙等身布施中日分復以恒河沙等身布施
後日分亦以恒河沙等身布施如是无量百千
万億劫以身布施若復有人於此經典信心不
逆其福勝彼何况書寫受持讀誦為人解説
須菩提以要言之是經有不可思議不可稱
量无邊功徳如来為發大乘者説為發最

上乘者說若有人能受持讀誦廣為人說
如來悉知是人悉見是人皆得成就不可量
不可稱无有邊不可思議功德如是人等則
為荷擔如來阿耨多羅三藐三菩提何以故
須菩提若樂小法者著我見人見衆生見壽
者見則於此經不能聽受讀誦為人解說須
菩提在在處處若有此經一切世間天人阿
脩羅所應供養當知此處則為是塔皆應
恭敬作礼圍繞以諸華香而散其處
復次須菩提善男子善女人受持讀誦此經
若為人輕賤是人先世罪業應墮惡道以今
世人輕賤故先世罪業則為消滅當得阿耨
多羅三藐三菩提須菩提我念過去无量阿
僧祇劫於然燈佛前得值八百四千萬億那

BD00468　金剛般若波羅蜜經

多羅三藐三菩提須菩提我念過去无量阿
僧祇劫於然燈佛前得值八百四千万億那
由他諸佛悉皆供養承事无空過者若復
有人於後末世受持讀誦此經所得功德於
我所供養諸佛功德百分不及一千万億分
乃至筭數譬喻所不能及須菩提若善男
子善女人於後末世有受持讀誦此經所得
功德我若具說者或有人聞心則狂亂狐疑
不信須菩提當知是經義不可思議果報
亦不可思議
尒時須菩提白佛言世尊善男子善女人發
阿耨多羅三藐三菩提心云何應住云何降
伏其心佛告須菩提善男子善女人發阿耨
多羅三藐三菩提者當生如是心我應滅度

切衆生滅度一切衆生已而无有一衆生
實滅度者何以故若菩薩有我相人相衆
生相壽者相則非菩薩所以者何須菩提
實无有法發阿耨多羅三藐三菩提者須菩
提於意云何如來於然燈佛所有法得阿耨
多羅三藐三菩提不不也世尊如我解佛所
說義佛於然燈佛所无有法得阿耨多羅三
藐三菩提佛言如是如是須菩提實无有法
如來得阿耨多羅三藐三菩提須菩提若
有法如來得阿耨多羅三藐三菩提者然
燈佛則不與我受記汝於來世當得作佛
号釋迦牟尼以實无有法得阿耨多羅三藐
三菩提是故然燈佛與我受記作是言汝於
來世當得作佛号釋迦牟尼何以故如來者

BD00468　金剛般若波羅蜜經

來世當得作佛号釋迦牟尼何以故如來者
即諸法如義若有人言如來得阿耨多羅三
藐三菩提須菩提實无有法佛得阿耨多
羅三藐三菩提須菩提如來所得阿耨多羅
三藐三菩提於是中无實无虛是故如來說
一切法皆是佛法須菩提所言一切法者即非
一切法是故名一切法須菩提譬如人身長
大須菩提言世尊如來說人身長大則為
非大身是名大身須菩提菩薩亦如是若
作是言我當滅度无量衆生則不名菩薩
何以故須菩提實无有法名為菩薩是故
佛說一切法无我无人无衆生无壽者須菩
提若菩薩作是言我當莊嚴佛土是不名菩
薩何以故如來說莊嚴佛土者即非莊嚴是

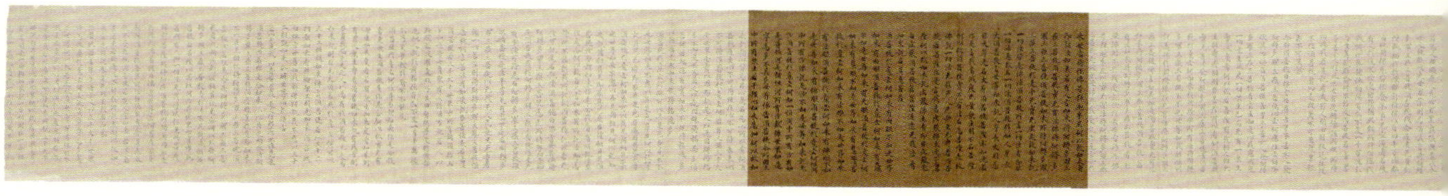

名莊嚴須菩提若菩薩通達无我法者
如来説名真是菩薩
須菩提於意云何如来有肉眼不如是世尊
如来有肉眼須菩提於意云何如来有天眼
不如是世尊如来有天眼須菩提於意云何
如来有慧眼不如是世尊如来有慧眼須菩
提於意云何如来有法眼不如是世尊如来
有法眼須菩提於意云何如来有佛眼不如
是世尊如来有佛眼須菩提於意云何恒河
中所有沙佛説是沙不如是世尊如来説是
沙須菩提於意云何如一恒河中所有沙有如
是等恒河是諸恒河所有沙數佛世界如是
寧為多不甚多世尊佛告須菩提尒所國土
中所有衆生若干種心如来悉知何以故如

BD00468　金剛般若波羅蜜經

中所有衆生若干種心如来悉知何以故如
来說諸心皆為非心是名為心所以者何須
菩提過去心不可得現在心不可得未来心
不可得須菩提於意云何若有人滿三千大
千世界七寶以用布施是人以是因緣得福
多不如是世尊此人以是因緣得福甚多須
菩提若福德有實如来不說得福德多
以福德无故如来說得福德多
須菩提於意云何佛可以具足色身見不不
也世尊如来不應以具足色身見何以故如来
說具足色身即非具足色身是名具足色身
須菩提於意云何如来可以具足諸相見不不
也世尊如来不應以具足諸相見何以故如
来說諸相具足即非具足是名諸相具足須

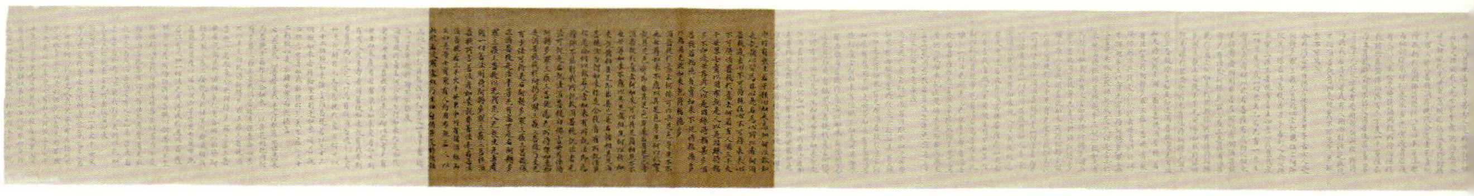

菩提汝勿謂如來作是念我當有所說法莫
作是念何以故若人言如來有所說法即為
謗佛不能解我所說故須菩提說法者无
法可說是名說法須菩提白佛言世尊佛得
阿耨多羅三藐三菩提為无所得耶如是如
是須菩提我於阿耨多羅三藐三菩提乃至无
有少法可得是名阿耨多羅三藐三菩提復
次須菩提是法平等无有高下是名阿耨多
羅三藐三菩提以无我无人无衆生无壽者
脩一切善法則得阿耨多羅三藐三菩提須
菩提所言善法者如來說非善法是名善法
須菩提若三千大千世界中所有諸須弥山
王如是等七寶聚有人持用布施若人以
此般若波羅蜜經乃至四句偈等受持讀誦

BD00468　金剛般若波羅蜜經

此般若波羅蜜經乃至四句偈等受持讀誦
爲他人說於前福德百分不及一百千萬億
分乃至筭數譬喻不不能及
須菩提於意云何汝等勿謂如來作是念我
當度衆生須菩提莫作是念何以故實无有
衆生如來度者若有衆生如來度者如來則
有我人衆生壽者須菩提如來說有我者則
非有我而凡夫之人以爲有我須菩提凡夫者
如來說則非凡夫須菩提於意云何可以
三十二相觀如來佛言須菩提若以三十二
相觀如來者轉輪聖王則是如來須菩提
白佛言世尊如我解佛所說義不應以三十
二相觀如來尒時世尊而說偈言
若以色見我　以音聲求我　是人行邪道　不能見如來

須菩提汝若作是念如来不以具足相故得阿
耨多羅三藐三菩提須菩提莫作是念如来
不以具足相故得阿耨多羅三藐三菩提須
菩提汝若作是念發阿耨多羅三藐三菩
提者說諸法斷滅相莫作是念何以故發阿
耨多羅三藐三菩提者於法不說斷滅相須
菩提若菩薩以滿恒河沙等世界七寶布施
若復有人知一切法无我得成於忍此菩薩
勝前菩薩所得功德須菩提以諸菩薩不受
福德故須菩提白佛言世尊云何菩薩不受
福德須菩提菩薩所作福德不應貪著是故
說不受福德須菩提若有人言如来若来若
去若坐若卧是人不解我所說義何以故如
来者无所從来亦无所去故名如来

BD00468　金剛般若波羅蜜經

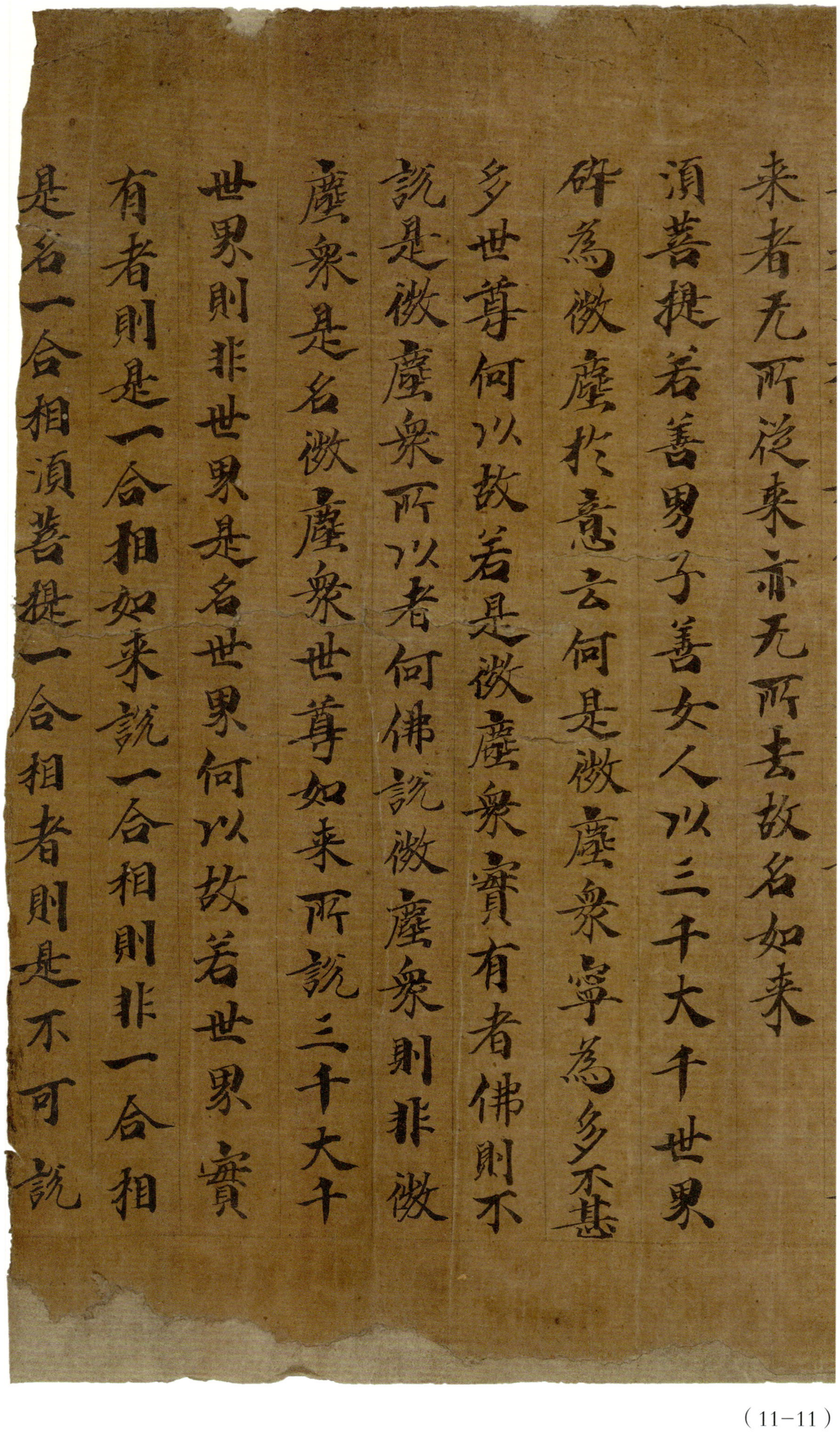

来者无所從来亦无所去故名如来
須菩提若善男子善女人以三千大千世界
碎為微塵於意云何是微塵衆寧為多不甚
多世尊何以故若是微塵衆實有者佛則不
説是微塵衆所以者何佛説微塵衆則非微
塵衆是名微塵衆世尊如来所説三千大千
世界則非世界是名世界何以故若世界實
有者則是一合相如来説一合相則非一合相
是名一合相須菩提一合相者則是不可説

BD00469 四分律戒本疏卷三

沙門慧述

77cm × 26.8cm

一尼……
称欲起不尔尼起若去……
云論人若聾若盲不成論者提盲而不聾聾而不……者吉羅
尼犯吉羅　問尼所以輕者　答上尊無坐盡容教授去不自由情過是欲故所輕
律云不犯者若比丘伴若知人有二不盲不聾若行過倒地若二病若力勢所犯
命梵等難並開不犯　与尼同道行戒第廿七　此滿足戒過不異前以行爲別　別
緣有六一是尼二衆五分三衆俱犯理亦應然譏染不殊故尔前戒名同去二共
期除異相逢者不離見聞處行　多論小罪故須除之三同一道行既去異路爲
无恐四不離見聞處行多論俱離无過互離吉羅俱不離犯提五无因緣除白
衣大伴行有怖因緣等不犯故尔六同道所歷界一提罪多論水陸二路同行悉
屬此戒故比丘与尼各別乘船同水路行越界得罪名屬此戒同乘一船蒙次
在後戒　已下四明戒本此戒因六群比丘与六群尼人間遊行居士譏嫌比丘舉
過佛制　若比丘与比丘尼共期同一道行方至一村間除異時波逸提異時者多
伴實行時若疑畏怖時是謂異時　此滿足之戒本文有五句一犯人二共期三同
行四除緣五結犯初二兩句可知言期者期共至某處三言同一道行至一村間
者是同一道者村間有分齊行處是四言除異時者開緣不犯五言波逸提者
越界結犯句律云適村分齊衆多界多少一一犯提言衆多界者謂衆多村

越界結犯句 律云隨村村分齊衆多界多多少少一一犯提 言衆多界者謂衆多村
界非村落空處行乃至十里提 若減一村若減十里得結 若多村間同一界行多吉
方便共期不行多吉 尼多吉羅 尼是女人弱要須丈夫以為伴擬情過是故
五分從此聚落到彼聚落及無聚落處半由旬犯提 律云不犯者若共期 一天
估客伴行 二疑處疑有賊盜 三恐怖有盜賊 四若得安隱 五若勢力所持命梵等
難並開不犯 十誦開為尼過嶮路 與尼期同乘船戒第廿八 識過同前 正以船為已
別緣有六 一是尼三衆 二共期 三同乘一船 除異船不犯 此戒 四從順流上下之意
為直渡船失濟不犯 五無因緣 輕去命難力勢所持或被岸不得安隱 六雙
腳入船便犯 已下正明戒本此戒緣如前 若比丘與比丘尼共期同乘一船若上水
下水除直渡者波逸提 此論之戒本文有五句 一犯人 二與尼共期 三言同乘一船
上水下水者舉乘船船意以其相隨欲得久住故 四言除直渡者是開限 其
渡非久從無過 五言波逸提者是違犯結罪 律云共期其已雙腳入船提 一腳入
吉 多論若船有白衣其無罪 或船有一比丘多尼 或多比丘一尼 隨境業多少
犯尒所提 縱有俗人為第二亦犯 其將同久要識損非輕 故不同坐 行是暫故開
有邊人不犯 若期別船並去及車犯同道行 隨聚落界分齊十里犯 若期
與俗女人同船多是犯限 此略不彰 下房舍文共女人上船疑似言聽直渡
故知上下明多同犯 祇云十多三文並言越界方犯 不同此律 不犯者除期直

故知上下明文同犯　祇云十多三文並言越衆方犯不同此律　不犯者除期宜
渡彼岸若船已船師失濟上下若往彼岸不得安隱乃至難緣於上所說
並皆不犯　食尼嘆食戒廿九　有四種過故制一者違尼嘆已德行相美利
長已貪結壞於正命知已之心故二偏心曲嘆現情親厚好招致外譏損受
不輕三令施主隨言供養无德之人即是損惱施主闕奉福
田獲又鄙之益四毀訾好人令他施主於勝福不生敬重又是
惱亂賢善具斯多過是故聖制　別緣有四一是尼嘆德教化食
二知嘆三受得四食之咽咽犯提已下正明文　本此戒因居士請
舍利弗等偷蘭難陀尼言所請並是下賤若請者應請調達等龍
中之龍食還具說仏便制戒　若比丘知比丘尼讚嘆教化因緣得食除檀
越先有意者波逸提　此滿足戒本文有六句一犯人二知三讚嘆四得食五開緣
六結罪　初句可知二言知者律云若不知食先犯三言尼讚嘆教化者律云
讚言謂阿練若乞食人乃至持三衣嘆多聞法律師坐禪四言得食者從
旦至中得食五言除檀越先有意者律云彼有施心故開不犯六言波逸提者
是犯句律云若食所嘆者咽咽犯提除飲食得餘襯衣燈油犯吉　祇云除舊檀越
乃至下食已得等供時更有餘比丘來尼言更有比丘施主言善哉皆不犯若尼
言此十二頭陀者面若言多聞好食平等與不犯若通讚一衆一切不犯若提其甲

言此十二頭陀者直若言多〻与好食平等与不犯若通讚一舉衆一切不犯若提其甲

衆主精進為是比丘故遍請女人名讚嘆餘者不犯 若有嘆食不得捨去當屏轉

貸食若坐垢穢不淨不喜与貸者當念此盔中食是其早比丘許我當食不犯

五六若先不知臨時言好与比丘食者不犯 問所以得飯承燈由犯者言 答財物重

著難捨又別屬无道用勸捨義希致受不數是以犯輕食无餾食勸辭義易

致受義數是故制重燈由外用嘆勸〻希走以制輕又大僧嘆尼義希致受不數

故尼犯輕 律云不犯者若不知若先有意若无教化想若尼自作〻若檀越令尼

經營〻若不犯教化〻而上乞食与並開不犯 与女人期同道行戒第卅 制意同前

唯以俗女為異〻別緣有六一是人女二共期三同一道行四[illegible]同[illegible]行五无難等緣

BD00470 維摩詰所説經卷中

（後秦）鳩摩羅什 譯

108.5cm×26cm

風菩薩悉能吸著口中而身无損外諸樹
木亦不摧折又十方世界劫盡燒時以一切
火内於腹中火事如故而不為害又於下方
過恒河沙无數世界如持針鋒舉一棗葉而
无所嬈又舍利弗住不可思議解脫菩薩能
以神通現作佛身或現辟支佛身或現聲聞
身或現帝釋身或現梵王身或現世主身或
現轉輪王身又十方世界所有衆聲上中下
音皆能變之令作佛聲演出无常苦空无我
之音及十方諸佛所説種種之法皆於其中普
令得聞舍利弗我今略説菩薩不可思議
解脫之力若廣説者窮劫不盡是時大迦葉
聞説菩薩不可思議解脫法門歎未曾有謂

舍利弗譬如有人於盲者前現衆色像非彼
所見一切聲聞聞是不可思議解脫法門不
能解了為若此也知者聞是其誰不發阿耨
多羅三藐三菩提心我等何為永絕其根於
此大乘已如敗種一切聲聞聞是不可思議解
脫法門皆應號泣聲震三千大千世界一
切菩薩應大欣慶頂受此法若有菩薩信解
不可思議解脫門者一切魔衆无如之何大
迦葉說是語時三萬二千天子皆發阿耨多
羅三藐三菩提心
尒時維摩詰語大迦葉仁者十方无量阿僧
祇世界中作魔王者多是住不可思議解脫
菩薩以方便力教化衆生現作魔王又迦葉
十方无量菩薩或有人從乞手足耳鼻頭目

十方无量菩薩或有人從乞手足耳鼻頭目
髓腦血肉皮骨聚落城邑妻子奴婢象馬
車乘金銀瑠璃車渠馬惱珊瑚虎魄真珠
珂貝衣服飲食如此乞者多是住不可思議
解脫菩薩以方便力而往試之令其堅固所
以者何住不可思議解脫菩薩有威德力故
行逼迫諸衆生如是難事凡夫下劣无有
力勢不能如是逼迫菩薩譬如龍象蹴踏非
驢所堪是名住不可思議解脫菩薩智慧
方便之門

觀衆生品第七

尒時文殊師利問維摩詰言菩薩云何觀於
衆生維摩詰言譬如幻師見所幻人菩薩觀
衆生爲若此如智者見水中月如鏡中見其

面像如熱時焰如呼聲響如空中雲如水聚
沫如水上泡如芭蕉堅如電久住如第五大如
第六陰如第七情如十三入如十九界菩薩
觀衆生為若此如无色界色如焦穀牙如
須陁洹身見如阿那含入胎如阿羅漢三毒
如得忍菩薩貪恚毀禁如佛煩惱習如盲者
見色如入滅盡定出入息如空中鳥跡如石女
兒如化人煩惱如夢所見已寤如滅度者受
身如无烟之火菩薩觀衆生為若此文殊師
利言若菩薩作是觀者云何行慈維摩詰
言菩薩作是觀已自念我當為衆生說如斯法
是即真實慈也行寂滅慈无所生故行不熱
慈无煩惱故行等之慈等三世故行无諍慈
无所起故行不二慈内外不合故行不壞慈

无所起故行不二慈内外不合故行不壞慈
畢竟盡故行堅固慈心无毀故行清淨慈諸
法性淨故行无邊慈如虛空故行阿羅漢慈
破結賊故行菩薩慈安衆生故行如来慈得
如相故行佛之慈覺衆生故行自然慈无因
得故行菩提慈等一味故行无等慈斷諸愛
故行大悲慈導以大乘故行无厭慈觀空无
我故行法施慈无遺惜故行持戒慈化毀禁
故行忍辱慈護彼我故行精進慈荷負衆生

BD00471

妙法蓮華經卷六

（後秦）鳩摩羅什 譯

1058.7cm × 26cm

尒時佛告
後若比丘比
若長若幼聞是經
處若在僧坊若空閑
里如其所聞爲父母宗
說是諸人等聞已隨喜復行
亦隨喜轉教如是展轉至第五十
第五十善男子善女人隨喜功德我今說之
汝當善聽若四百万億阿僧祇世界六趣四
生衆生卵生胎生濕生化生若有形無形有
想無想非有想非無想無足二足四足多足
如是等在衆生數者有人求福隨其所欲娛
樂之具皆給与之一一衆生与滿閻浮提金
銀琉璃車𤦲馬瑙珊瑚虎珀諸妙珎寶及象

馬車乘七寶所成宮殿樓閣等是大施主如
是布施滿八十年已而作是念我已施衆生
娛樂之具隨意所欲然此衆生皆已衰老年
過八十髮白面皺將死不久我當以佛法而
訓導之即集此衆生宣布法化示教利喜一
時皆得須陁洹道斯陁含道阿那含道阿羅
漢道盡諸有漏於深禪定皆得自在具八解
脫於汝意云何是大施主所得功德寧為多
不弥勒白佛言世尊是人功德甚多無量無
邊若是施主但施衆生一切樂具功德無量
何況令得阿羅漢果佛告弥勒我今分明語
汝是人以一切樂具施於四百万億阿僧祇
世界六趣衆生又令得阿羅漢果所得功德
不如是第五十人聞法華經一偈隨喜功德

不如是第五十人聞法華經一偈隨喜功德
百分千分百千万億分不及其一乃至筭數
譬喻所不能知阿逸多如是第五十人展轉
聞法華經隨喜功德尚無量無邊阿僧祇何
况最初於會中聞而隨喜者其福復勝無量
無邊阿僧祇不可得比又阿逸多若人為是
經故往詣僧坊若坐若立須臾聽受緣是功
德轉身所生得好上妙象馬車乘珎寶輦輿
及乘天宮若復有人於講法處坐更有人來
勸令坐聽若分座令坐是人功德轉身得帝
釋坐處若梵王坐處若轉輪聖王所坐之處
阿逸多若復有人語餘人言有經名法華可
共往聽即受其教乃至須臾間聞是人功德
轉身得与陁羅尼菩薩共生一處利根智慧

百千万世終不瘖瘂　氣不臭舌常無病
亦無病齒不垢黑不黃不疎亦不缺落不差
不曲脣不下垂亦不褰縮不麁澁不瘡胗亦
不缺壞亦不喎斜不厚不大亦不黧黑無諸
可惡鼻不匾㔸亦不曲戾面色不黑亦不狹
長亦不窊曲無有一切不可喜相脣舌牙齒
悉皆嚴好鼻脩高直面貌圓滿眉高而長額
廣平正人相具足世世所生見佛聞法信受
教誨阿逸多汝且觀是勸於一人令往聽法
功德如此何況一心聽說讀誦而於大衆為
人分別如說脩行尒時世尊欲重宣此義而
說偈言
若人於法會　得聞是經典　乃至於一偈　隨喜為他說
如是展轉教　至于第五十　最後人獲福　今當分別之

如是展轉教　至于第五十　最後人獲福　今當分別之
如有大施主　供給無量眾　具滿八十歲　隨意之所欲
見彼衰老相　髮白而面皺　齒疎形枯竭　念其死不久
我今應當教　令得於道果　即為方便說　涅槃真實法
世皆不牢固　如水沫泡焰　汝等咸應當　疾生厭離心
諸人聞是法　皆得阿羅漢　具足六神通　三明八解脫
最後第五十　聞一偈隨喜　是人福勝彼　不可為譬喻
如是展轉聞　其福尚無量　何況於法會　初聞隨喜者
若有勸一人　將引聽法華　言此經深妙　千万劫難遇
即受教往聽　乃至須臾聞　斯人之福報　今當分別說
世世無口患　齒不疎黃黑　脣不厚褰缺　無有可惡相
舌不乾黑短　鼻高脩且直　額廣而平正　面目悉端嚴
為人所喜見　口氣無臭穢　優鉢華之香　常從其口出
若故詣曾方　欲聽法華經　須臾聞歡喜　今當說其福

後生天人中　得妙象馬車　珎寶之輦轝　及乘天宮殿
若於講法處　勸人坐聽經　是福因緣得　釋梵轉輪座
何況一心聽　解說其義趣　如說而脩行　其福不可限

妙法蓮華經法師功德品第十九

尒時佛告常精進菩薩摩訶薩若善男子善
女人受持是法華經若讀若誦若解說若書
寫是人當得八百眼功德千二百耳功德八
百鼻功德千二百舌功德八百身功德千二
百意功德以是功德莊嚴六根皆令清淨是
善男子善女人父母所生清淨肉眼見於三
千大千世界內外所有山林河海下至阿鼻
地獄上至有頂亦見其中一切衆生及業因
緣果報生處悉見悉知尒時世尊欲重宣此
義而說偈言

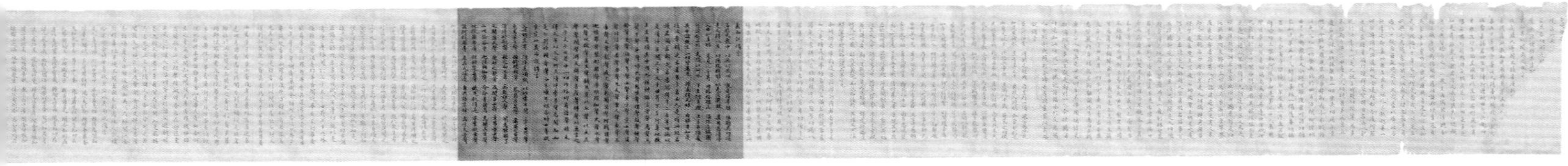

義而說偈言
若於大眾中　以無所畏心　說是法華經　汝聽其功德
是人得八百　功德殊勝眼　以是莊嚴故　其目甚清淨
父母所生眼　悉見三千界　內外弥樓山　須弥及鐵圍
并諸餘山林　大海江河水　下至阿鼻獄　上至有頂處
其中諸眾生　一切皆悉見　雖未得天眼　肉眼力如是
復次常精進若善男子善女人受持此經若
讀若誦若解說若書寫得千二百耳功德以
是清淨耳聞三千大千世界下至阿鼻地獄
上至有頂其中內外種種語言音聲象聲馬
聲牛聲車聲啼哭聲愁嘆聲螺聲鼓聲鍾聲
鈴聲笑聲語聲男聲女聲童子聲童女聲法
聲非法聲苦聲樂聲凡夫聲聖人聲喜聲不
喜聲天聲龍聲夜叉聲乾闥婆聲阿脩羅聲

迦樓羅聲緊那羅聲摩睺羅伽聲火聲水聲
風聲地獄聲畜生聲餓鬼聲比丘聲比丘尼
聲聲聞聲辟支佛聲菩薩聲佛聲以要言之
三千大千世界中一切内外所有諸聲雖未
得天耳以父母所生清淨常耳皆悉聞知如
是分別種種音聲而不壞耳根尒時世尊欲
重宣此義而說偈言
父母所生耳　清淨無濁穢　以此常耳聞　三千世界聲
象馬車牛聲　鍾鈴螺鼓聲　琴瑟箜篌聲　簫笛之音聲
清淨好歌聲　聽之而不著　無數種人聲　聞悉能解了
又聞諸天聲　微妙之歌音　及聞男女聲　童男童女聲
山川險谷中　迦陵頻伽聲　命命等諸鳥　悉聞其音聲
地獄衆苦痛　種種楚毒聲　餓鬼飢渴逼　求索飲食聲
諸阿脩羅等　居在大海邊　自共語言時　出于大音聲

諸阿脩羅等　居在大海邊　自共語言時　出于大音聲
如是說法者　安住於此間　遙聞是衆聲　而不壞耳根
十方世界中　禽獸鳴相呼　其說法之人　於此悉聞之
其諸梵天上　光音及遍淨　乃至有頂天　言語之音聲
法師住於此　悉皆得聞之　一切比丘衆　及諸比丘尼
若讀誦經典　若為他人說　法師住於此　悉皆得聞之
復有諸菩薩　讀誦於經法　若為他人說　撰集解其義
如是諸音聲　悉皆得聞之　諸佛大聖尊　教化衆生者
於諸大衆中　演說微妙法　持此法華者　悉皆得聞之
三千大千界　内外諸音聲　下至阿鼻獄　上至有頂天
皆聞其音聲　而不壞耳根　其耳聰利故　悉能分別知
持是法華者　雖未得天耳　但用所生耳　功德已如是
復次常精進若善男子善女人受持是經若讀
若誦若解說若書寫成就八百鼻功德以是

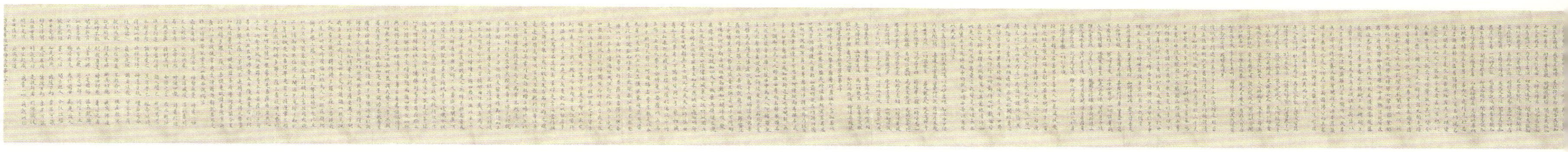

清淨鼻根聞於三千大千世界上下內外
種種諸香須曼那華香闍提華香末利華香
瞻蔔華香波羅羅華香赤蓮華香青蓮華香
白蓮華香華樹香菓樹香栴檀香沉水香多
摩羅跋香多伽羅香及千万種和香若末若
丸若塗香持是經者於此間住悉能分別又
復別知衆生之香象香馬香牛羊等香男香
女香童子香童女香及草木藂林香若近若
遠所有諸香悉皆得聞分別不錯持是經者
雖住於此亦聞天上諸天之香波利質多羅
拘鞞陁羅樹香及曼陁羅華香摩訶曼陁羅
華香曼殊沙華香摩訶曼殊沙華香栴檀
沉水種種末香諸雜華香如是等天香和合所
出之香無不聞知又聞諸天身香釋提桓因

BD00471　妙法蓮華經卷六

沉水種種末香諸雜華香如是等天香和合所
出之香無不聞知又聞諸天身香釋提桓因
在勝殿上五欲娛樂嬉戲時香若在妙法堂
上爲忉利諸天說法時香若於諸園遊戲時
香及餘天等男女身香皆悉遙聞如是展轉
乃至梵世上至有頂諸天身香亦皆聞之并
聞諸天所燒之香及聲聞香辟支佛香菩薩
香諸佛身香亦皆遙聞知其所在雖聞此香
然於鼻根不壞不錯若欲分別爲他人說憶
念不謬尒時世尊欲重宣此義而說偈言

是人鼻清淨　於此世界中　若香若臭物　種種悉聞知
須曼那闍提　多摩羅栴檀　沉水及桂香　種種華菓香
及知衆生香　男子女人香　說法者遠住　聞香知所在
大勢轉輪王　小轉輪及子　群臣諸宮人　聞香知所在

身所著珎寶　及地中寶藏　轉輪王寶女　聞香知所在
諸人嚴身具　衣服及瓔珞　種種所塗香　聞則知其身
諸天若行坐　遊戲及神變　持是法華者　聞香悉能知
諸山深險處　栴檀樹華敷　衆生在中者　聞香皆能知
鐵圍山大海　地中諸衆生　持經者聞香　悉知其所在
阿脩羅男女　及其諸眷屬　鬪諍遊戲時　聞香皆能知
曠野險隘處　師子象虎狼　野牛水牛等　聞香知所在
若有懷妊者　未辯其男女　無根及非人　聞香悉能知
以聞香力故　知其初懷妊　成就不成就　安樂產福子
以聞香力故　知男女所念　染欲癡恚心　亦知脩善者
地中衆伏藏　金銀諸珎寶　銅器之所盛　聞香悉能知
種種諸瓔珞　無能識其價　聞香知貴賤　出處及所在
天上諸華等　曼陀曼殊沙　波利質多樹　聞香悉能知
天上諸宮殿　上中下差別　衆寶華莊嚴　聞香悉能知

天上諸宮殿　上中下差別　衆寶華莊嚴　聞香悉能知
天園林勝殿　諸觀妙法堂　在中而娛樂　聞香悉能知
諸天若聽法　或受五欲時　來往行坐臥　聞香悉能知
天女所著衣　好華香莊嚴　周旋遊戲時　聞香悉能知
如是展轉上　乃至於梵世　入禪出禪者　聞香悉能知
光音遍淨天　乃至于有頂　初生及退沒　聞香悉能知
諸比丘衆等　於法常精進　若坐若經行　及讀誦經法
或在林樹下　專精而坐禪　持經者聞香　悉知其所在
菩薩志堅固　坐禪若讀誦　或為人說法　聞香悉能知
在在方世尊　一切所恭敬　愍衆而說法　聞香悉能知
衆生在佛前　聞經皆歡喜　如法而修行　聞香悉能知
雖未得菩薩　無漏法生鼻　而是持經者　先得此鼻相
復次常精進　若善男子善女人受持是經　若
讀若誦若解說若書寫　得千二百舌功德　若

好若醜若美不美及諸苦澁物在其舌根皆
變成上味如天甘露無不美者若以舌根於
大衆中有所演說出深妙聲能入其心皆令
歡喜快樂又諸天子天女釋梵諸天聞是深
妙音聲有所演說言論次第皆悉来聽及諸
龍龍女夜叉夜叉女乾闥婆乾闥婆女阿脩
羅阿脩羅女迦樓羅迦樓羅女緊那羅緊那
羅女摩睺羅伽摩睺羅伽女為聽法故皆来
親近恭敬供養及比丘比丘尼優婆塞優婆
夷國王王子羣臣眷屬小轉輪王大轉輪王
七寶千子內外眷屬乘其宮殿俱来聽法以
是菩薩善說法故婆羅門居士國內人民盡
其形壽隨侍供養又諸聲聞辟支佛菩薩諸
佛常樂見之是人所在方面諸佛皆向其處

佛常樂見之是人所在方面諸佛皆向其處
說法悉能受持一切佛法又能出於深妙法
音尒時世尊欲重宣此義而說偈言
是人舌根淨　終不受惡味　其有所食噉　悉皆成甘露
以深淨妙音　於大衆說法　以諸因緣喻　引導衆生心
聞者皆歡喜　設諸上供養　諸天龍夜叉　及阿脩羅等
皆以恭敬心　而共來聽法　是說法之人　若欲以妙音
遍滿三千界　隨意即能至　大小轉輪王　及千子眷屬
合掌恭敬心　常來聽受法　諸天龍夜叉　羅剎毗舍闍
亦以歡喜心　常樂來供養　梵天王魔王　自在大自在
如是諸天衆　常來至其所　諸佛及弟子　聞其說法音
常念而守護　或時為現身
復次常精進若善男子善女人受持是經若
讀若誦若解說若書寫得八百身功德得清

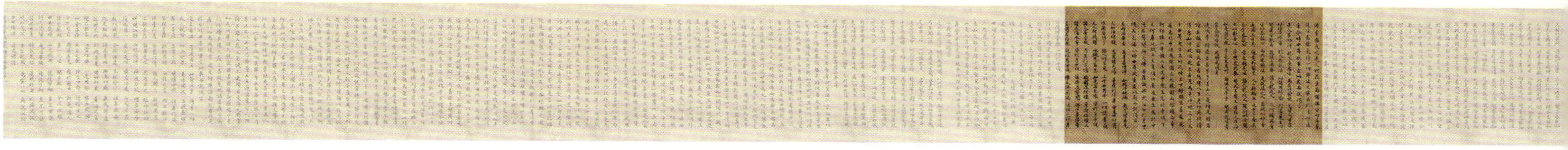

淨身如淨琉璃衆生喜見其身淨故三千大
千世界衆生生時死時上下好醜生善處惡
處悉於中現及鐵圍山大鐵圍山弥樓山摩
訶弥樓山等諸山及其中衆生悉於中現下
至阿鼻地獄上至有頂所有及衆生悉於中
現若聲聞辟支佛菩薩諸佛說法皆於身中
現其色像尒時世尊欲重宣此義而說偈言
若持法華者　其身甚清淨　如彼淨琉璃　衆生皆喜見
又如淨明鏡　悉見諸色像　菩薩於淨身　皆見世所有
唯獨自明了　餘人所不見　三千世界中　一切諸羣萠
天人阿脩羅　地獄鬼畜生　如是諸色像　皆於身中現
諸天等宮殿　乃至於有頂　鐵圍及弥樓　摩訶弥樓山
諸大海水等　皆於身中現　諸佛及聲聞　佛子菩薩等
若獨若在衆　說法悉皆現　雖未得無漏　法性之妙身

若獨若在衆　說法悉皆現　雖未得無漏　法性之妙身
以清淨常體　一切於中現
復次常精進若善男子善女人如來滅後受
持是經若讀若誦若解說若書寫得千二百
意功德以是清淨意根乃至聞一偈一句通
達無量無邊之義解是義已能演說一句一
偈至於一月四月乃至一歲諸所說法隨其
義趣皆与實相不相違背若說俗間經書治
世語言資生業等皆順正法三千大千世界
六趣衆生心之所行心所動作心所戲論皆
悉知之雖未得無漏智慧而其意根清淨如
此是人有所思惟籌量言說皆是佛法無不
真實亦是先佛經中所說尒時世尊欲重宣
此義而說偈言

是人意清淨　明利無穢濁　以此妙意根　知上中下法
乃至聞一偈　通達無量義　次第如法說　月四月至歲
是世界內外　一切諸衆生　若天龍及人　夜叉鬼神等
其在六趣中　所念若干種　持法華之報　一時皆悉知
十方無數佛　百福莊嚴相　為衆生說法　悉聞能受持
思惟無量義　說法亦無量　終始不忘錯　以持法華故
悉知諸法相　隨義識次第　達名字語言　如所知演說
此人有所說　皆是先佛法　以演此法故　於衆無所畏
持法華經者　意根淨若斯　雖未得無漏　先有如是相
是人持此經　安住希有地　為一切衆生　歡喜而愛敬
能以千万種　善巧之語言　分別而說法　持法華經故

妙法蓮華經常不輕菩薩品第二十

尒時佛告得大勢菩薩摩訶薩汝今當知若比
丘比丘尼優婆塞優婆夷持法華經者若有惡

尒時佛告得大勢菩薩摩訶薩汝今當知若比
丘比丘尼優婆塞優婆夷持法華經者若有惡
口罵詈誹謗獲大罪報如前所說其所得功德
如向所說眼耳鼻舌身意清淨得大勢乃往古
昔過無量無邊不可思議阿僧祇劫有佛名威
音王如来應供正遍知明行足善逝世間解無
上士調御丈夫天人師佛世尊劫名離衰國名
大成其威音王佛於彼世中為天人阿脩羅說
法為求聲聞者說應四諦法度生老病死究竟
涅槃為求辟支佛者說應十二因緣法為諸菩
薩因阿耨多羅三藐三菩提說應六波羅蜜法
究竟佛慧得大勢是威音王佛壽四十万億那
由他恒河沙劫正法住世劫數如一閻浮提微
塵像法住世劫數如四天下微塵其佛饒益衆

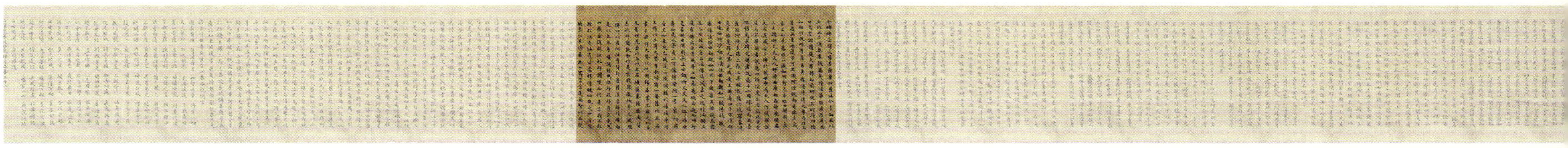

生已然後滅度正法像法滅盡之後於此國
復有佛出亦号威音王如来應供正遍知明行
足善逝世間解無上士調御丈夫天人師佛世
尊如是次第有二万億佛皆同一号冣初威
音王如来既已滅度正法滅後於像法中增
上慢比丘有大勢力尒時有一菩薩比丘名
常不輕得大勢以何因緣名常不輕是比丘
凡有所見若比丘比丘尼優婆塞優婆夷皆
悉礼拜讚歎而作是言我深敬汝等不敢輕
慢所以者何汝等皆行菩薩道當得作佛而
是比丘不專讀誦經典但行礼拜乃至遠見
四衆亦復故往礼拜讚歎而作是言我不敢
輕於汝等汝等皆當作佛故四衆之中有生
瞋恚心不淨者惡口罵詈言是無智比丘從

瞋恚心不淨者惡口罵詈言是無智比丘從
何所來自言我不輕汝而与我等受記當得
作佛我等不用如是虛妄受記如此經歷多
年常被罵詈不生瞋恚常作是言汝當作佛
說是語時衆人或以杖木瓦石而打擲之避
走遠住猶高聲唱言我不敢輕於汝汝等
皆當作佛以其常作是語故增上慢比丘比
丘尼優婆塞優婆夷号之為常不輕是比丘
臨欲終時於虛空中具聞威音王佛先所說
法華經二十千万億偈悉能受持即得如上
眼根清淨耳鼻舌身意根清淨得是六根清
淨已更增壽命二百万億那由他歲廣為人
說是法華經於時增上慢四衆比丘比丘尼
優婆塞優婆夷輕賤是人為作不輕名者見

其得大神通力樂說辯力大善寂力聞其所
說皆信伏隨從是菩薩復化千万億衆令住
阿耨多羅三藐三菩提命終之後得值二千
億佛皆号日月燈明於其法中說是法華經
以是因緣復值二千億佛同号雲自在燈王
於此諸佛法中受持讀誦為諸四衆說此經
典故得是常眼清淨耳鼻舌身意諸根清淨
於四衆中說法心無所畏得大勢是常不輕
菩薩摩訶薩供養如是若干諸佛恭敬尊重
讚嘆種諸善根於後復值千万億佛亦於諸
佛法中說是經典功德成就當得作佛得大
勢於意云何尒時常不輕菩薩豈異人乎則
我身是若我於宿世不受持讀誦此經為他
人說者不能疾得阿耨多羅三藐三菩提我

人説者不能疾得阿耨多羅三藐三菩提我
於先佛所受持讀誦此經爲人説故疾得阿
耨多羅三藐三菩提得大勢彼時四衆比丘
比丘尼優婆塞優婆夷以瞋恚意輕賤我故
二百億劫常不值佛不聞法不見僧千劫於
阿鼻地獄受大苦惱畢是罪已復遇常不輕
菩薩教化阿耨多羅三藐三菩提得大勢於
汝意云何尒時四衆常輕是菩薩者豈異人
乎今此會中跋陀婆羅等五百菩薩師子月
等五百比丘尼思佛等五百優婆塞皆於阿
耨多羅三藐三菩提不退轉者是得大勢當
知是法華經大饒益諸菩薩摩訶薩能令至
於阿耨多羅三藐三菩提是故諸菩薩摩訶
薩於如來滅後常應受持讀誦解説書寫是

經尒時世尊欲重宣此義而說偈言
過去有佛　号威音王　神智無量　将導一切
天人龍神　所共供養　是佛滅後　法欲盡時
有一菩薩　名常不輕　時諸四衆　計着於法
不輕菩薩　往到其所　而語之言　我不輕汝
汝等行道　皆當作佛　諸人聞已　輕毀罵詈
不輕菩薩　能忍受之　其罪畢已　臨命終時
得聞此經　六根清浄　神通力故　增益壽命
復爲諸人　廣說是經　諸着法衆　皆蒙菩薩
教化成就　令住佛道　不輕命終　值無數佛
說是經故　得無量福　漸具功德　疾成佛道
彼時不輕　則我身是　時四部衆　着法之者
聞不輕言　汝當作佛　以是因緣　值無數佛
此會菩薩　五百之衆　并及四部　清信士女

聞不輕言　汝當作佛　以是因緣　值無數佛
此會菩薩　五百之衆　并及四部　清信士女
今於我前　聽法者是　我於前世　勸是諸人
聽受斯經　第一之法　開示教人　令住涅槃
世世受持　如是經典　億億万劫　至不可議
時乃得聞　是法華經　億億万劫　至不可議
諸佛世尊　時說是經　是故行者　於佛滅後
聞如是經　勿生疑惑　應當一心　廣說此經
世世值佛　疾成佛道

妙法蓮華經如來神力品第二十一

尒時千世界微塵等菩薩摩訶薩從地踊出
者皆於佛前一心合掌瞻仰尊顔而白佛言
世尊我等於佛滅後世尊分身所在國土滅
度之處當廣說此經所以者何我等亦自欲

得是真淨大法受持讀誦解說書寫而供養
之尒時世尊於文殊師利等無量百千万億
舊住娑婆世界菩薩摩訶薩及諸比丘比丘
尼優婆塞優婆夷天龍夜叉乾闥婆阿脩羅
迦樓羅緊那羅摩睺羅伽人非人等一切衆
前現大神力出廣長舌上至梵世一切毛孔
放於無量無數色光皆悉遍照十方世界衆
寶樹下師子座上諸佛亦復如是出廣長舌
放無量光釋迦牟尼佛及寶樹下諸佛現神
力時滿百千歲然後還攝舌相一時謦欬俱
共彈指是二音聲遍至十方諸佛世界地皆
六種震動其中衆生天龍夜叉乾闥婆阿脩
羅迦樓羅緊那羅摩睺羅伽人非人等以佛
神力故皆見此娑婆世界無量無邊百千万

神力故皆見此娑婆世界無量無邊百千万
億衆寶樹下師子座上諸佛及見釋迦牟尼
佛共多寶如来在寶塔中坐師子座又見無
量無邊百千万億菩薩摩訶薩及諸四衆恭
敬圍繞釋迦牟尼佛既見是已皆大歡喜得
未曾有即時諸天於虚空中高聲唱言過此
無量無邊百千万億阿僧祇世界有國名娑
婆是中有佛名釋迦牟尼今為諸菩薩摩訶
薩說大乘經名妙法蓮華教菩薩法佛所護
念汝等當深心隨喜亦當礼拜供養釋迦牟
尼佛彼諸衆生聞虚空中聲已合掌向娑婆
世界作如是言南無釋迦牟尼佛南无釋迦
牟尼佛以種種華香瓔珞幡蓋及諸嚴身之
具珎寶妙物皆共遥散娑婆世界所散諸物

從十方来譬如雲集變成寶帳遍覆此間諸
佛之上于時十方世界通達無礙如一佛土
尒時佛告上行等菩薩大衆諸佛神力如是
無量無邊不可思議若我以是神力於無量
無邊百千万億阿僧祇劫爲囑累故說此經
功德猶不能盡以要言之如来一切所有之
法如来一切自在神力如来一切秘要之藏
如来一切甚深之事皆於此經宣示顯說是
故汝等於如来滅後應一心受持讀誦解說
書寫如說脩行所在國土若有受持讀誦解
說書寫如說脩行若經卷所住之處若於國
中若於林中若在樹下若於僧坊若白衣舍
若在殿堂若山谷曠野是中皆應起塔供養
所以者何當知是處即是道場諸佛於此得

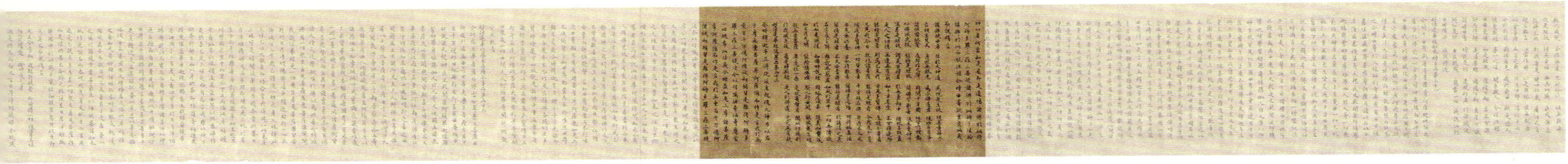

所以者何當知是處即是道場諸佛於此得
阿耨多羅三藐三菩提諸佛於此轉于法輪
諸佛於此而般涅槃尒時世尊欲重宣此義
而說偈言
諸佛救世者　住於大神通　為悅衆生故　現無量神力
舌相至梵天　身放無數光　為求佛道者　現此希有事
諸佛謦欬聲　及彈指之聲　周聞十方國　地皆六種動
以佛滅度後　能持是經故　諸佛皆歡喜　現無量神力
囑累是經故　讚美受持者　於無量劫中　猶故不能盡
是人之功德　無邊無有窮　如十方虛空　不可得邊際
能持是經者　則為已見我　亦見多寶佛　及諸分身者
又見我今日　教化諸菩薩　能持是經者　令我及分身
滅度多寶佛　一切皆歡喜　十方現在佛　并過去未來
亦見亦供養　亦令得歡喜　諸佛坐道場　所得秘要法

能持是經者　不久亦當得　能持是經者　於諸法之義
名字及言辭　樂說無窮盡　如風於空中　一切無障礙
於如來滅後　知佛所說經　因緣及次第　隨義如實說
如日月光明　能除諸幽冥　斯人行世間　能滅衆生闇
教無量菩薩　畢竟住一乘　是故有智者　聞此功德利
於我滅度後　應受持斯經　是人於佛道　決定無有疑

妙法蓮華經囑累品第二十二

尒時釋迦牟尼佛從法座起現大神力以右
手摩無量菩薩摩訶薩頂而作是言我於無
量百千万億阿僧祇劫脩習是難得阿耨多
羅三藐三菩提法今以付囑汝等汝等應當
一心流布此法廣令增益如是三摩諸菩薩
摩訶薩頂而作是言我於無量百千万億阿
僧祇劫脩習是難得阿耨多羅三藐三菩提

僧祇劫脩習是難得阿耨多羅三藐三菩提
法今以付囑汝等汝等當受持讀誦廣宣此
法令一切衆生普得聞知所以者何如来有
大慈悲無諸慳悋亦無所畏能与衆生佛之
智慧如来智慧自然智慧如来是一切衆生
之大施主汝等亦應隨學如来之法勿生慳
悋於未来世若有善男子善女人信如来智
慧者當為演說此法華經使得聞知為令其
人得佛慧故若有衆生不信受者當於如来
餘深法中示教利喜汝等若能如是則為已
報諸佛之恩時諸菩薩摩訶薩聞佛作是說
已皆大歡喜遍滿其身益加恭敬曲躬低頭
合掌向佛俱發聲言如世尊勅當具奉行唯
然世尊願不有慮諸菩薩摩訶薩衆如是三

及俱發聲言如世尊勅當具奉行唯然世尊
願不有慮尒時釋迦牟尼佛令十方来諸分
身佛各還本土而作是言諸佛各隨所安多
寶佛塔還可如故說是語時十方無量分身
諸佛坐寶樹下師子座上者及多寶佛并上
行等無邊阿僧祇菩薩大衆舍利弗等聲聞
四衆及一切世間天人阿脩羅等聞佛所說
皆大歡喜

妙法蓮華經藥王菩薩本事品第二十三

尒時宿王華菩薩白佛言世尊藥王菩薩云
何遊於娑婆世界世尊是藥王菩薩有若干
百千万億那由他難行苦行善哉世尊願少
解說諸天龍神夜叉乾闥婆阿脩羅迦樓羅
緊那羅摩睺羅伽人非人等又他國土諸来

緊那羅摩睺羅伽人非人等又他國土諸来
菩薩及此聲聞衆聞皆歡喜尒時佛告宿王
華菩薩乃往過去無量恒河沙劫有佛号曰
月淨明德如来應供正遍知明行足善逝世
間解無上士調御丈夫天人師佛世尊其佛
有八十億大菩薩摩訶薩七十二恒河沙大
聲聞衆佛壽四万二千劫菩薩壽命亦等
彼國無有女人地獄餓鬼畜生阿脩羅等及以
諸難地平如掌琉璃所成寶樹莊嚴寶帳覆
上垂寶華幡寶瓶香爐周遍國界七寶為臺
一樹一臺其樹去臺盡一箭道此諸寶樹皆
有菩薩聲聞而坐其下諸寶臺上各有百億
諸天作天伎樂歌嘆於佛以為供養尒時彼
佛為一切衆生喜見菩薩及衆菩薩諸聲聞

衆說法華經是一切衆生喜見菩薩樂習苦
行於日月淨明德佛法中精進經行一心求
佛滿万二千歲已得現一切色身三昧得此
三昧已心大歡喜即作念言我得現一切色身
三昧皆是得聞法華經力我今當供養日
月淨明德佛及法華經即時入是三昧於虛
空中雨曼陁羅華摩訶曼陁羅華細末堅黑
栴檀滿虛空中如雲而下又雨海此岸栴檀
之香此香六銖價直娑婆世界以供養佛作
是供養已從三昧起而自念言我雖以神力
供養於佛不如以身供養即服諸香栴檀薰
陸兜樓婆畢力迦沈水膠香又飲瞻蔔諸華
香油滿千二百歲已香油塗身於日月淨明
德佛前以天寶衣而自纏身灌諸香油以神

德佛前以天寶衣而自纏身灌諸香油以神
通力願而自燃身光明遍照八十億恒河沙
世界其中諸佛同時讚言善哉善哉善男子
是真精進是名真法供養如来若以華香瓔
珞燒香末香塗香天繒幡蓋及海此岸栴檀
之香如是等種種諸物供養所不能及假使
國城妻子布施亦所不及善男子是名第一
之施於諸施中最尊最上以法供養諸如来
故作是語已而各嘿然其身火然千二百歲
過是已後其身乃盡一切衆生喜見菩薩作
如是法供養已命終之後復生日月淨明德
佛國中於淨德王家結跏趺坐忽然化生即
為其父而說偈言
大王今當知　我經行彼處　即時得一切　現諸身三昧

勤行大精進　捨所愛之身

說是偈已而白父言日月淨明德佛今故現
在我先供養佛已得解一切衆生語言陁羅
尼復聞是法華經八百千万億那由他甄迦
羅頻婆羅阿閦婆等偈大王我今當還供養
此佛白已即坐七寶之臺上昇虛空高七多
羅樹往到佛所頭面礼足合十指爪以偈讚
佛

容顏甚奇妙　光明照十方　我適曾供養　今復還親近

尒時一切衆生喜見菩薩說是偈已而白佛
言世尊世尊猶故在世尒時日月淨明德佛
告一切衆生喜見菩薩善男子我涅槃時到
滅盡時至汝可安施牀座我於今夜當般涅
槃又勑一切衆生喜見菩薩善男子我以佛

槃又勅一切眾生喜見菩薩善男子我以佛
法囑累於汝及諸菩薩大弟子并阿耨多羅
三藐三菩提法亦以三千大千七寶世界諸
寶樹寶臺及給侍諸天悉付於汝我滅度後
所有舍利亦付囑汝當令流布廣設供養應
起若干千塔如是日月淨明德佛勅一切眾
生喜見菩薩已於夜後分入於涅槃尒時一
切眾生喜見菩薩見佛滅度悲感懊惱戀慕
於佛即以海此岸栴檀為積供養佛身而以
燒之火滅已後収取舍利作八万四千寶瓶
以起八万四千塔高三世界表刹莊嚴垂諸
幡蓋懸眾寶鈴尒時一切眾生喜見菩薩復
自念言我雖作是供養心猶未足我今當更
供養舍利更語諸菩薩大弟子及天龍夜

又等一切大眾汝等當一心念我今供養日
淨明德佛舍利作是語已即於八万四千塔
前燃百福莊嚴臂七万二千歲而以供養令
無數求聲聞眾無量阿僧祇人發阿耨多羅
三藐三菩提心皆使得住現一切色身三昧
尒時諸菩薩天人阿脩羅等見其無臂憂惱
悲哀而作是言此一切眾生喜見菩薩是我
等師教化我者而今燒臂身不具足于時一
切眾生喜見菩薩於大眾中立此誓言我捨
兩臂必當得佛金色之身若實不虛令我兩
臂還復如故作是誓已自然還復由斯菩薩
福德智慧淳厚所致當尒之時三千大千世
界六種震動天雨寶華一切人天得未曾有
佛告宿王華菩薩於汝意云何一切眾生喜

佛告宿王華菩薩於汝意云何一切衆生喜
見菩薩豈異人乎今藥王菩薩是也其所捨
身布施如是無量百千万億那由他數宿王
華若有發心欲得阿耨多羅三藐三菩提者
能燃手指乃至足一指供養佛塔勝以國城
妻子及三千大千國土山林河池諸珎寶物
而供養者若復有人以七寶滿三千大千世
界供養於佛及大菩薩辟支佛阿羅漢是人
所得功德不如受持此法華經乃至一四句
偈其福最多宿王華譬如一切川流江河諸
水之中海為第一此法華經亦復如是於諸
如來所說經中最為深大又如土山黑山小
鐵圍山大鐵圍山及十寶山衆山之中須弥
山為第一此法華經亦復如是於諸經中最

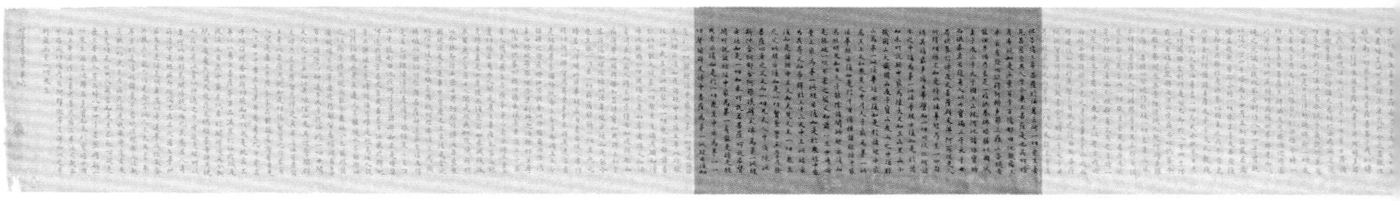

為其上又如衆星之中月天子最為第一此
法華經亦復如是於千万億種諸經法中最
為照明又如日天子能除諸闇此經亦復如
是能破一切不善之闇又如諸小王中轉輪
聖王最為第一此經亦復如是於衆經中最
為其尊又如帝釋於三十三天中王此經亦
復如是諸經中王又如大梵天王一切衆生
之父此經亦復如是一切賢聖學無學及發
菩薩心者之父又如一切凡夫人中須陁洹
斯陁含阿那含阿羅漢辟支佛為第一此經
亦復如是一切如來所說若菩薩所說若聲
聞所說諸經法中最為第一有能受持是經
典者亦復如是於一切衆生中亦為第一
一切聲聞辟支佛中菩薩為第一此經亦復如

切聲聞辟支佛中菩薩為第一此經亦復如
是於一切諸經法中最為第一如佛為諸法
王此經亦復如是諸經中王宿王華此經能
救一切衆生者此經能令一切衆生離諸苦
惱此經能大饒益一切衆生充滿其願如清
涼池能滿一切諸渴乏者如寒者得火如裸
者得衣如商人得主如子得母如渡得船如
病得醫如暗得燈如貧得寶如民得王如賈
客得海如炬除暗此法華經亦復如是能令
衆生離一切苦一切病痛能解一切生死之
縛若人得聞此法華經若自書若使人書所
得功德以佛智慧籌量多少不得其邊若書
是經卷華香瓔珞燒香末香塗香幡蓋衣服
種種之燈蘇燈油燈諸香油燈瞻蔔油燈須

㝹油燈波羅羅油燈婆利師迦油燈那婆摩
利油燈供養所得功德亦復無量宿王華若
有人聞是藥王菩薩本事品者亦得無量無
邊功德若有女人聞是藥王菩薩本事品能
受持者盡是女身後不復受若如来滅後後
五百歲中若有女人聞是經典如說脩行於
此命終即往安樂世界阿弥陁佛大菩薩衆
圍繞住處生蓮華中寶座之上不復為貪欲
所惱亦復不為瞋恚愚癡所惱亦復不為憍
慢嫉妬諸垢所惱得菩薩神通無生法忍得
是忍已眼根清淨以是清淨眼根見七百万
二千億那由他恒河沙等諸佛如来是時諸
佛遥共讚言善哉善哉善男子汝能於釋迦
牟尼佛法中受持讀誦思惟是經為他人說

BD00471　妙法蓮華經卷六

牟尼佛法中受持讀誦思惟是經爲他人說
所得福德無量無邊火不能燒水不能漂汝
之功德千佛共說不能令盡汝今已能破諸
魔賊壞生死軍諸餘怨敵皆悉摧滅善男子
百千諸佛以神通力共守護汝於一切世間
天人之中無如汝者唯除如來其諸聲聞辟
支佛乃至菩薩智慧禪定無有与汝等者宿
王華此菩薩成就如是功德智慧之力若有
人聞是藥王菩薩本事品能隨喜讚善者是
人現世口中常出青蓮華香身毛孔中常出
牛頭栴檀香所得功德如上所說是故宿王
華以此藥王菩薩本事品囑累於汝我滅度
後後五百歲中廣宣流布於閻浮提無令斷
絕惡魔魔民諸天龍夜叉鳩槃荼等得其便

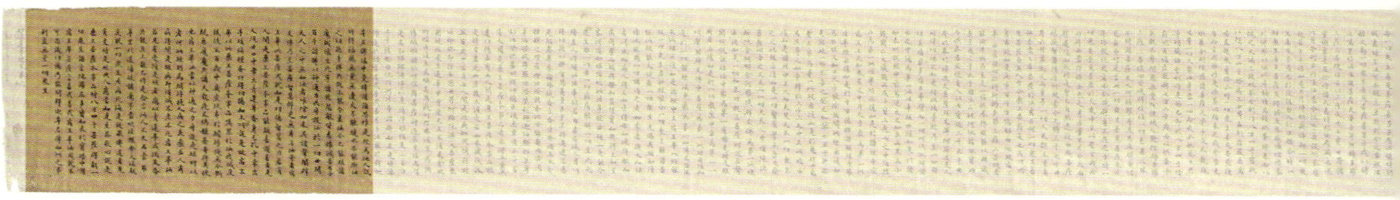

也宿王華汝當以神通之力守護是經所以
者何此經則為閻浮提人病之良藥若人有
病得聞是經病即消滅不老不死宿王華汝
若見有受持是經者應以青蓮華盛滿末香
共散其上散已作是念言此人不久必當取
草坐於道場破諸魔軍當吹法螺擊大法鼓
度脫一切衆生老病死海是故求佛道者見
有受持是經典人應當如是生恭敬心說是
藥王菩薩本事品時八万四千菩薩得解一
切衆生語言陁羅尼多寶如來於寶塔中讚
宿王華菩薩言善哉善哉宿王華汝成就不
可思議功德乃能問釋迦牟尼佛如此之事
利益無量一切衆生

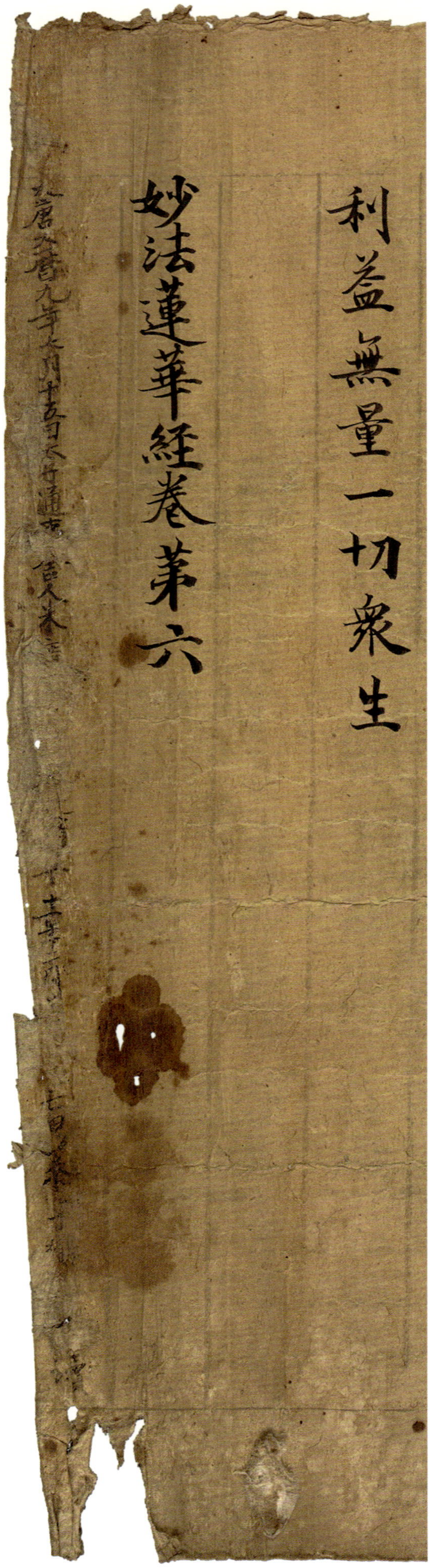

利益無量一切衆生

妙法蓮華經卷苐六

大唐大曆九年六月十五日[illegible]

BD00472

大般若波羅蜜多經卷五八三

（唐）玄奘 譯

111.3cm×25.3cm

大般若波羅蜜多經卷第五百八十三

第十一布施波羅蜜多分之五　　三藏法師玄奘奉　詔譯

尒時舍利子白佛言世尊頗有初心𦬇發心

不世尊告日善哉善哉能問如來如是深義
汝應諦聽當為汝說亦有初心勝後心義謂
阿羅漢諸无漏心雖離自身一切煩惱而不
能化无量有情皆令發心捨諸煩惱菩薩初
發大菩提心雖於自身煩惱未斷而能普
无量有情皆令發心捨諸煩惱展轉饒益
量有情是謂初心勝後心義復有獨覺
漏心雖離自身一切煩惱而不能化无量有
情皆令發心捨諸煩惱菩薩初發大菩提心
雖於自身煩惱未斷而能普化无量有情皆
令發心捨諸煩惱展轉饒益无量有情是謂
勝心後心　義又舍利子菩薩所發大菩提
心若習若脩若多所作能有引發布施淨戒
安忍精進靜慮般若波羅蜜多及餘无量无
邊佛法疾能證得一切智智由斯化度无量

邊佛法疾能證得一切智智由斯化度无量
有情令得聲聞獨覺乘果或證无上正等菩
提或脩人天殊勝善業得人天樂捨惡趣苦
聲聞獨覺諸无漏心雖令自身證涅槃而
不能引布施淨戒安忍精進靜慮般若波羅
蜜多及餘无量无邊佛法亦不能得一切智
智不能化度无量有情令得聲聞獨覺乘果
或證无上正等菩提或脩人天殊勝善業得
人天樂捨惡趣苦是謂初心勝後心義又舍
利子菩薩所發大菩提心威力殊勝菩善脩
習疾證无上正等菩提能拔有情无顛倒記
謂記如是如是有情於當來世經尒所劫流
轉生死脩菩薩行當證无上正等菩提與諸
有情作大饒益或記如是如是有情於當來

世經尒所劫流轉生死脩獨覺行於人天中
遇緣證得獨覺菩提具六神通自在安樂或
記如是如是有情於當來世經尒所劫流轉
生死脩聲聞行於人天中得聲聞果或記如
是如是有情於當來世作善惡業經尒所時
生人天趣或墮惡趣生死流轉非諸獨覺能
授有情无顛倒記謂不能記諸菩薩言汝於
未來經尒所劫當得作佛号某名等亦不能
記如是有情於當來世經尒所劫決定當得
獨覺菩提或聲聞果或善惡趣受諸苦樂亦
非聲聞能授他記設有能記皆從佛聞是謂初
心勝後心義又舍利子菩薩既發大菩提
心欲盡未來饒益一切尒時大地諸山大海
六返變動魔王驚怖諸天龍神皆大歡喜咸
言菩薩當證无上正等菩提使我等生死

六返變動魔王驚怖諸天龍神皆大歡喜咸
言菩薩當證无上正等菩提拔濟我等生死
大苦令得安樂聲聞獨覺安住最後无漏心
時无如是事是謂初心勝後心義又舍利子
假使教化一切有情皆住獨覺阿羅漢果不
能攝受波羅蜜多及一切智若有教授教誡
菩薩令發无上正等覺心即能攝受布施淨
戒安忍精進靜慮般若波羅蜜多及一切智所
以者何聲聞獨覺不能成辦无上菩提以所
發心極爲羸劣故要諸菩薩乃能成辦无上

BD00473 大般涅槃經等兑廢稿集綴（擬）

（北涼）曇無讖等 譯

262.5cm × 25cm

草木和合名之爲舍離
佉陀羅樹波羅奢樹尼拘陁
合爲林離是之外更無别林
步兵和合爲軍離是之外更無别軍譬如五
色雜綵和合名之爲綺離是之外更無别綺
衆生我者亦復如是離五陰外更無别我善
男子如來常住則名爲我如來法身無邊無
㝵不生不滅得八自在是名爲我衆生真實
無如是我及以我所但以畢定當得畢竟第
者是義不然何以故若我當説身在先者汝
可難言汝亦同我身不在先何因緣故而作
是難善男子一切衆生身及煩惱俱無先後
一時而有雖一時有要因煩惱而得有身終
不因身有煩惱也汝意若謂如人二眼一時

而得不相因得左不因右右不因左燈性不
身亦如是者是義不然何以故善男子世間
眼見性之與明雖復一時明要因性終不因明
而有性也善男子汝意若謂身不在先故
知無因是義不然何以故若以身先無因緣
故名爲無者汝不應說一切諸法無有因緣
若言不見故不說者今見瓶等從因緣出何
故不說如瓶身先因緣亦復如是善男子若
見不見一切諸法皆從因緣無有自性善男
子若言一切法悉有自性無因緣者汝何因
緣說於五大是五大性即是因緣善男子五
因緣如世人說一切出家精勤持戒旃陀羅
等亦應如是精勤持戒善男子汝言五大有
定堅性我觀是性轉故不定善男子蘇臘胡

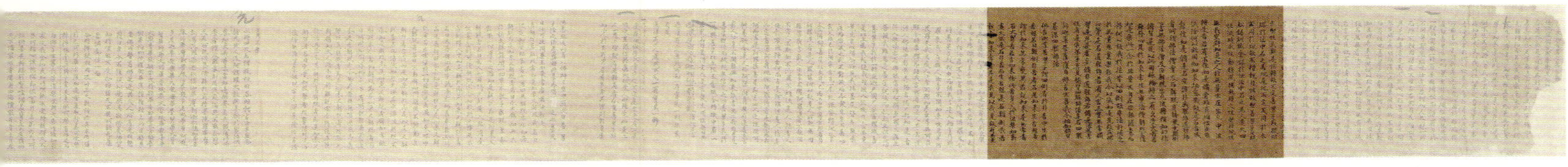

善亦應如是精勤於善男子汝言五大有
定堅性我觀是性轉故不定善男子蘇臘胡
膠於法中名之為地是地不定或同於水
或同於地故不得說自性故堅善男子白鑞
鈆錫銅鐵金銀於汝法中名之為火是火四
性流時水性動時風性熱時火性堅時地性
無我空寂如是之人於無量世在生死中流
轉受苦若有不作如是脩者雖有煩惱疾能
滅除何以故因知如來秘密藏故是名苦滅
能作如是脩是名空脩非滅聖諦道聖諦
者所謂佛法僧寶及正解脫有諸衆生顛倒
心言無佛法僧及正解脫生死流轉猶如幻化
脩習是見以此因緣輪轉三有久受大苦若
能發心見於如來常住無變法僧解脫亦復

如是乘此一念於無量世自在果報隨意而
得何以故我於往昔以四倒故非法計法受
於無量惡業果報我今以滅如是見故成佛
正覺是名道聖諦若有人言三寶無常脩
習是見是虛妄脩非道聖諦若脩是法為常
住者是我弟子真見脩習四聖諦法是名四聖
諦迦葉菩薩復白佛言世尊我今始知脩習
甚深四聖諦法
佛告迦葉善男子謂四倒者於非苦中生於
苦想名曰顛倒非苦者名為如來生苦想者
謂於如來無常變異若說如來是無常者
名大罪苦若言如來捨此苦身入於涅槃如薪
盡火滅是名非苦而生苦想是名顛倒我若
說言如來常者即是我見以我見故有無量

盡丈滅是名非苦而生苦想是名顛倒我若
說言如来常者即是我見以我見故有無量
罪是故應說如来無常如是說者我則受樂
生心生惡念時王舍城小男小女若啼不止
父母則語汝若不止當將汝付薄俱羅鬼尒
時善星反被拘執而語我言速入禪室薄俱
羅来我言癡人汝常不聞如来世尊無所
畏羅来我言癡人汝常不聞如来世尊無所畏
耶尒時帝釋即語我言世尊如是人等亦復
得入佛法中耶我即語言憍尸迦如是者
得入佛法亦有佛性當得阿耨多羅三藐三
菩提我雖為是善星說法而彼都無信受之心
善男子我於一時在迦尸國尸婆富羅城善
星比丘為我給使我時欲入彼城乞食無量

衆生虛心滛佊名欲見我蹤善星皆悉隨手
後而毀滅之既不能滅而令衆生生不善心
我入城已於酒家舍見一尼乾捲脊蹲地飡
食酒糟善星比丘見已而言世尊世間若有
阿羅漢者是人最勝何以故是人所說無因
無果我言癡人汝常不聞阿羅漢者不飲酒
不害人不欺誑不偷盜不婬泆是人煞害父
母食噉酒糟云何而言是阿羅漢是人捨身
必定當墮阿鼻地獄阿羅漢者永斷三惡云
何而言是阿羅漢善星即言四大之性猶可
轉易欲令是人必阿墮阿鼻無有是處我言
癡人汝常不聞諸佛如來誠言無二我雖為是
善星說法而彼絕無信受之心善男子我於
一時與善星比丘住王舍城尒時城中有一

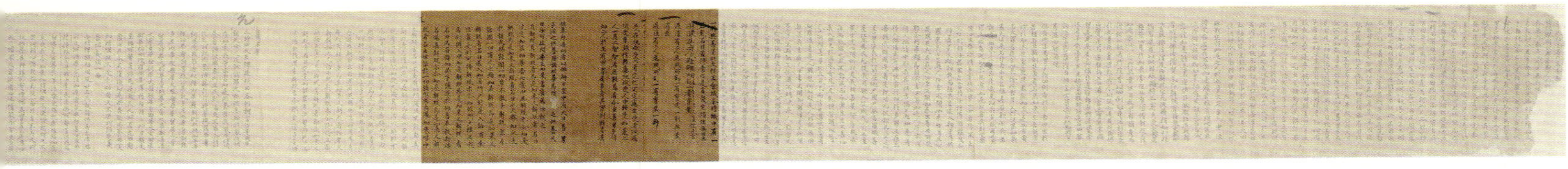

一時興善星比丘住王舍城尒時城中有一
尼乾名曰苦得常作是言衆生煩惱無因無
緣衆生解脫亦無因緣善星比丘復作是言
過復有二人為賊所劫一者寶藏
過復有二人為賊所劫一有寶藏一則無藏
有藏
過復有二人為賊所劫一有寶藏一則
[illegible]
受在地獄受二者定作不定應生受者迴為
現受重報作輕應地獄受人中輕受如是二
人一愚二智智者為輕愚者令重善男子辟
如二人於王有罪眷屬多者其罪則輕眷屬

供養殊過此者以佛神力空中有天曰善男
子法之供養勝諸供養即問　之供養天
曰汝可往問藥王如来當廣爲汝說之
真解脱真解脱者即是如来又解脱者名曰
浅定之如婆師華香七葉中無解脱亦尒如是
解脱即是如来又解脱者名曰水大譬如水大
於諸大勝能潤一切草木穀子解脱亦尒
能潤一切有人之類如是解脱即是如来又
解脱者名曰爲入如有門户則通入路有金
性處金則可得解脱亦尒如彼門户脩無我
者則得入中如是解脱即是如来又解脱者
名曰爲善譬如弟子隨逐於師善奉教勅得
名爲善解脱亦尒如是解脱即是如来又解
脱者名出世法於一切法最爲出過如来味中

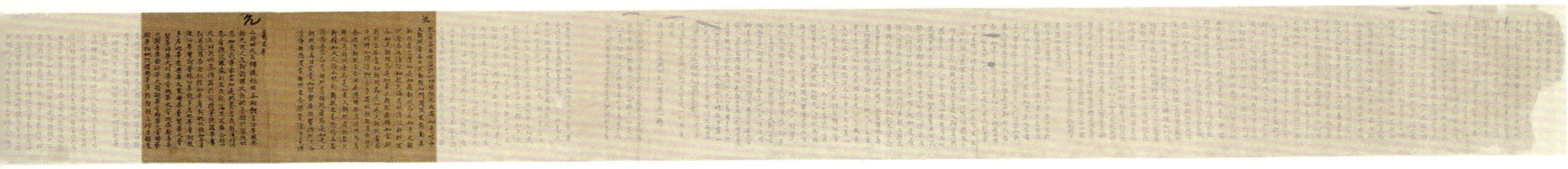

兊

脫者名出世法於一切法寂為出過如來味中
又解脫者名曰不動譬如門閫風不能動真
解脫者亦復如是如是解脫即是如來又解
脫者名無濤波如彼大海其水濤波解脫不
尒如是解脫即是如來又解脫者譬如宮殿
解脫亦尒當知解脫即是如來又解脫者名
曰所用如閻浮檀金多有所任無有能說是
金過惡解脫亦尒無有過惡無有過惡即真
解脫真解脫者即是如來又解脫者捨嬰兒
行譬如大人捨小兒行解脫亦尒除捨五陰
除捨五陰即真解脫真解脫者即是如來又
解脫者名曰究竟如彼繫者從繫得脫洗浴
清淨然後還家解脫亦尒畢竟清淨竟清

兑

憂不樂

尒時四天王釋提桓因各相謂言汝等觀察
諸天世人及阿脩羅大設供養欲於最後供
養如来我等亦當如是供養若我最後得供
養者檀波羅蜜則為成就滿足不難尒時四
天王所設供養倍勝於前持曼陁羅華摩
訶曼陁羅華迦枳樓伽華摩訶迦枳樓伽華曼
殊沙華摩訶曼殊沙華散多尼迦華摩訶散
多尼迦華愛樂華大愛樂華普賢華大普
賢華時華大時華香城華大香城華歡喜華
大歡喜華發欲華大發欲華香醉華大香醉華
樹華拘毗陁羅樹華復持種種上妙甘饍来

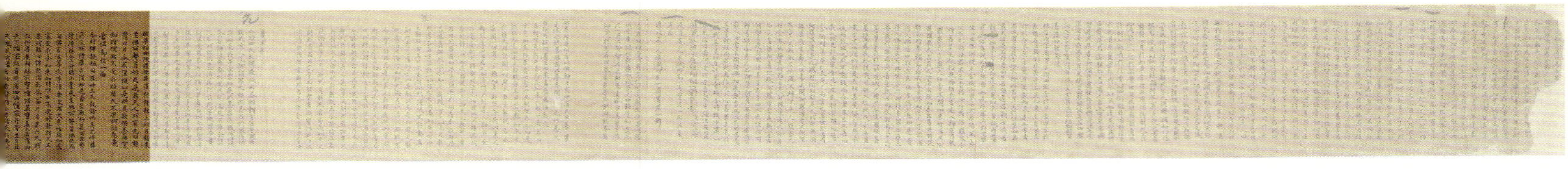

樹華拘毗陁羅樹華復持種種上妙甘饍来
至佛所稽首佛足是諸天人所有光明能
覆日月令不復現以是供具欲供養佛如来
知時嘿然不受尒時諸天不果所願愁憂
苦惱却住一面
尒時釋提桓因及卅三天設諸供具亦倍勝
前及所持華亦復如是香氣微妙甚可愛樂
持得勝堂并諸小堂来至佛所稽首佛足而
白佛言世尊我等涅槃愛護大乘唯願如来
哀受我食如来知時嘿然不受時諸釋天不
果所願心懷愁惱却住一面乃至第六天所
設供養展轉勝前寶幢幡蓋寶蓋小者覆四
天下幡最短者周圍四海幢最長者至自在
天微風吹幡出妙音聲持是甘膳来詣佛所

稽首佛足白佛言世尊唯願如来哀受我等

BD00474 維摩詰所說經卷中

（後秦）鳩摩羅什 譯

1011cm × 25.5cm

是於諸
衆生病愈
菩薩病者以大
空无侍者維
言諸佛國土亦復皆空又問以何爲空
荅曰以空空又問空何用荅曰以无分別空
故空又問空可分別耶荅曰分別亦空又問空
當於何求荅曰當於六十二見中求又問六十
二見當於何求荅曰當於諸佛解脫中求
又問諸佛解脫當於何求荅曰當於一切
衆生心行中求又仁所問何无侍者一切衆
魔及諸外道皆吾侍也所以者何衆魔者
樂生死菩薩於生死而不捨外道者樂諸見
菩薩於諸見而不動文殊師利言居士所

疾為何等相維摩詰言我病无形不可見
又問此病身合耶心合耶荅曰非身合身相
離故亦非心合心如幻故又問地大水大火大
風大於此四大何大之病荅曰是病非地大亦
離地大水大風大亦復如是而衆生病從
四大起以其有病是故我病
尒時文殊師利問維摩詰言菩薩云何慰喻
有疾菩薩維摩詰言說身无常不說猒離於
身說身有苦不說樂於涅槃說身无我而說
教導衆生說身空寂不說畢竟寂滅說悔
先罪而不說入於過去以己之疾愍於彼疾
當識宿世无數劫苦當念饒益一切衆生憶
所脩福念於淨命勿生憂惱常起精進當作
醫王療治衆病菩薩應如是慰喻有疾菩

醫王療治衆病菩薩應如是慰喻有疾菩
薩令其歡喜文殊師利言居士有疾菩薩云
何調伏其心維摩詰言有疾菩薩應作是念
今我此病皆從前世妄想顛倒諸煩惱生无有
實法誰受病者所以者何四大合故假名爲身
四大无主身亦无我又此病起皆由著我是故
於我不應生著既知病本即除我想及衆
生想當起法想應作是念但以衆法合成此
身起唯法起滅唯法滅又此法者各不相知
起時不言我起滅時不言我滅彼有疾菩薩
爲滅法想當作是念此法想者亦是顛倒顛
倒者是即大患我應離之云何爲離離我我
所云何離我我所謂離二法云何離二法謂
不念内外諸法行於平等云何平等謂我等

涅槃等所以者何我及涅槃此二皆空以何
為空但以名字故空如此二法无決定性得
是平等无有餘病唯有空病空病亦空是有
疾菩薩以无所受而受諸受未具佛法亦不
滅受而取證也設身有苦念惡趣衆生起大
悲心我既調伏亦當調伏一切衆生但除其
病而不除法為斷病本而教導之何謂病本
謂有攀緣從有攀緣則為病本何所攀緣
謂之三界云何斷攀緣以无所得若无所得則
无攀緣何謂无所得謂二見何謂二見謂内見
外見是无所得文殊師利是名有疾菩薩調
伏其心為斷老病死苦是名菩薩菩提若不
如是已所脩治為无慧利譬如勝怨乃可為
勇如是兼除老病死者菩薩之謂也彼有疾

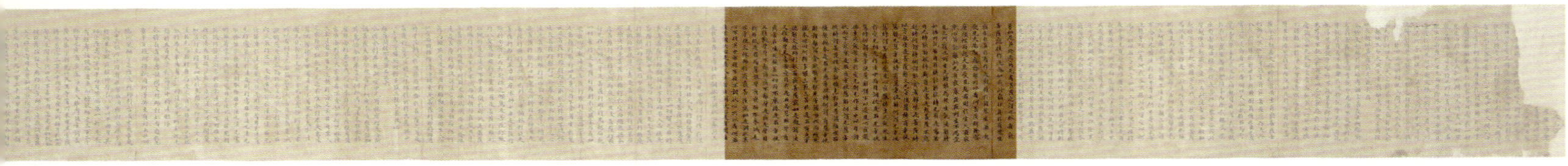

勇如是兼除老病死者菩薩之謂也彼有疾
菩薩應復作是念如我此病非真非有衆生
病亦非真非有作是觀時於諸衆生若起
愛見大悲即應捨離所以者何菩薩斷除客
塵煩惱而起大悲愛見悲者則於生死有疲
猒心若能離此无有疲猒在在所生不爲愛
見之所覆也所生无縛能爲衆生説法解縛
如佛所説若自有縛能解彼縛无有是處若
自无縛能解彼縛斯有是處是故菩薩不應
起縛何謂縛何謂解貪著禪味是菩薩縛
以方便生是菩薩解又无方便慧縛有方便
慧解无慧方便縛有慧方便解何謂无方便
慧縛謂菩薩以愛見心莊嚴佛土成就衆生
於空无相无作法中而自調伏是名无方便

慧縛何謂有方便慧解謂不以愛見心莊嚴
佛土成就眾生於空无相无作法中以自調
伏而不疲厭是名有方便慧解何謂无慧方
便縛謂菩薩住貪欲瞋恚邪見等諸煩惱而
殖眾德本是名无慧方便縛何謂有慧方便
解謂離諸貪欲瞋恚邪見等諸煩惱而殖眾
德本迴向阿耨多羅三藐三菩提是名有慧方
便解文殊師利彼有疾菩薩應如是觀諸法
又復觀身无常苦空非我是名為慧雖身有
疾常在生死饒益一切而不厭倦是名方便
又復觀身身不離病病不離身是病是身非
新非故是名為慧設身有疾而不永滅是
名方便文殊師利有疾菩薩應如是調伏其
心不住其中亦復不住不調伏心所以者何若
住不調伏心是愚人法若住調伏心是聲聞法

心不住其中亦復不住不調伏心所以者何若
住不調伏心是愚人法若住調伏心是聲聞法
是故菩薩不當住於調伏不調伏心離此二
法是菩薩行在於生死不為汙行住於涅
槃不永滅度是菩薩行非凡夫行非賢聖行
是菩薩行非垢行非淨行是菩薩行雖過魔
行而現降衆魔是菩薩行求一切智无非時
求是菩薩行雖觀諸法不生而不入正位是
菩薩行雖觀十二緣起而入諸邪見是菩薩
行雖攝一切衆生而不愛著是菩薩行雖樂
遠離而不依身心盡是菩薩行雖行三界而
不壞法性是菩薩行雖行於空而殖衆德本
是菩薩行雖行无相而度衆生是菩薩行雖
行无作而現受身是菩薩行雖行无起而起

一切善行是菩薩行雖行六波羅蜜而遍知
衆生心心數法是菩薩行雖行六通而不盡漏
是菩薩行雖行四无量心而不貪著生於梵
世是菩薩行雖行禪定解脫三昧而不隨禪
生是菩薩行雖行四念處而不永離身受心
法是菩薩行雖行四正勤而不捨身心精進
是菩薩行雖行四如意足而得自在神通是
菩薩行雖行五根而分別衆生諸根利鈍是
菩薩行雖行五力而樂求佛十力是菩薩行
雖行七覺分而分別佛之智慧是菩薩行雖
行八聖道而樂行无量佛道是菩薩行雖行
止觀助道之法而不畢竟墮於寂滅是菩薩
行雖行諸法不生不滅而以相好莊嚴其身
是菩薩行雖現聲聞辟支佛威儀而不捨佛
法是菩薩行雖隨諸法究竟淨相而隨所

BD00474　維摩詰所説經卷中

是菩薩行雖現聲聞辟支佛威儀而不捨佛
法是菩薩行雖隨諸法究竟淨相而隨所
應爲現其身是菩薩行雖觀諸佛國土永寂
如空而現種種清淨佛土是菩薩行雖得佛道
轉于法輪入於涅槃而不捨於菩薩之道是
菩薩行說是法時文殊師利所將大衆其中
八千天子皆發阿耨多羅三藐三菩提心

維摩詰經不思議品第六

尒時舍利弗見此室中无有牀座作是念斯
諸菩薩大弟子衆當於何坐長者維摩詰知
其意語舍利弗言云何仁者爲法來耶求牀
座耶舍利弗言我爲法來非爲牀座維摩詰
言唯舍利弗夫求法者不貪軀命何況牀座
夫求法者非有色受想行識之求非有界入

之求非有欲色无色之求唯舍利弗夫求法
者不著佛求不著法求不著衆求夫求法
者无見苦求无斷集求无造盡證脩道之求
所以者何法无戲論若言我當見苦斷集滅
證脩道是則戲論非求法也唯舍利弗法名
寂滅若行生滅是求生滅非求法也法名无
染若染於法乃至涅槃是則染著非求法也法
无行處若行於法是則行處非求法也法无
取捨若取捨法是則取捨非求法也法无處
所若著處所是則著處非求法也法名无相
若隨相識是則求相非求法也法不可住若
住於法是則住法非求法也法不可見聞覺
知若行見聞覺知是則見聞覺知非求法也
法名无為若行有為是求有為非求法也是故
舍利弗夫求法者於一切法應无所求說是

知若行見聞覺知是則見聞覺知非求法也
法名无爲若行有爲是求有爲非求法也是故
舍利弗夫求法者於一切法應无所求說是
語時五百天子於諸法中得法眼淨
尒時長者維摩詰問文殊師利仁者遊於无
量千万億阿僧祇國何等佛土有好上妙功
德成就師子之座文殊師利言居士東方度
三十六恒河沙國有世界名須弥相其佛号須
弥燈王今現在彼佛身長八万四千由旬其
師子座高八万四千由旬嚴飾第一於是長
者維摩詰現神通力即時彼佛遣三万二千
師子之座高廣嚴淨來入維摩詰室諸菩
薩大弟子釋梵四天王等昔所未見其室廣
博悉苞容三万二千師子之座无所妨㝵於毗耶

離城及閻浮提四天下亦不迫迮悉見如故尒
時維摩詰語文殊師利就師子座與諸菩薩
上人俱坐當自立身如彼座像其得神通菩
薩即自變形為四万二千由旬坐師子座諸
新發意菩薩及大弟子皆不能昇尒時維
摩詰語舍利弗就師子座舍利弗言居士此
座高廣吾不能昇維摩詰言唯舍利弗為須弥
燈王如來作礼乃可得坐於是新發意菩薩
及大弟子即為須弥燈王如來作礼便得坐
師子座
舍利弗言居士未曾有也如是小室乃能容
受此高廣之座於毗耶離城无所妨㝵又於
閻浮提聚落城邑及四天下諸天龍王鬼神
宮殿亦不迫迮維摩詰言唯舍利弗諸佛菩
薩有解脫名不可思議若菩薩住是解脫者

宫殿亦不迫迮維摩詰言唯舍利弗諸佛菩
薩有解脫名不可思議若菩薩住是解脫者
以須弥之高廣内芥子中无所增減須弥山
王本相如故而四天王忉利諸天不覺不知
己之所入唯應度者乃見須弥入芥子中是
名不可思議解脫法門又以四大海水入一毛
孔不嬈魚鼈黿鼉水性之屬而彼大海本相
如故諸龍鬼神阿脩羅等不覺不知己之所
入於此衆生亦无所嬈又舍利弗住不可思
議解脫菩薩斷取三千大千世界如陶家輪
著右掌中擲過恒沙世界之外其中衆生不
覺不知己之所往又復還置本處都不使人
有往來想而此世界本相如故又舍利弗或
有衆生樂久住世而可度者菩薩即演七日

以爲一劫令彼衆生謂之一劫或有衆生不
樂久住而可度者菩薩即促一劫以爲七日
令彼衆生謂之七日又舍利弗住不可思議
解脫菩薩以一切佛土嚴飾之事集在一國
示於衆生又菩薩以一切佛土衆生置之右
掌飛到十方遍示一切而不動本處又舍利
弗十方衆生供養諸佛之具菩薩於一毛孔
皆令得見又十方國土所有日月星宿於一毛
孔普使見之又舍利弗十方世界所有諸風
菩薩悉能吸著口中而身无損外諸樹木亦
不摧折又十方世界劫盡燒時以一切火内
於腹中火事如故而不爲害又於下方過恒
河沙等諸佛世界取一佛土舉著上方過恒
河沙无數世界如持鍼鋒舉一棗葉而无所

BD00474　維摩詰所説經卷中

河沙等諸佛世界取一佛土舉著上方過恒
河沙无數世界如持鍼鋒舉一棗葉而无所
嬈又舍利弗住不可思議解脫菩薩能以神
通現作佛身或現辟支佛身或現聲聞身
或現帝釋身或現梵王身或現世主身或
現轉輪王身又十方世界所有衆聲上中下
音皆能變之令作佛聲演出无常苦空无
我之音及十方諸佛所說種種之法皆於其中
普令得聞舍利弗我今略說菩薩不可思議
解脫之力若廣說者窮劫不盡是時大迦葉
聞說菩薩不可思議解脫法門歎未曾有謂
舍利弗譬如有人於盲者前現衆色像非彼
所見一切聲聞聞是不可思議解脫法門不能
解了爲若此也智者聞是其誰不發阿耨多

羅三藐三菩提心我等何爲永絶其根於此
大乘已如敗種一切聲聞聞是不可思議解
脫法門皆應號泣聲震三千大千世界一切
菩薩應大欣慶頂受此法若有菩薩信解不
可思議解脫門者一切魔衆无如之何大迦
葉說是語時三万二千天子皆發阿耨多羅
三藐三菩提心
尒時維摩詰語大迦葉仁者十方无量阿
僧祇世界中作魔王者多是住不可思議解
脫菩薩以方便力教化衆生現作魔王又迦葉
十方无量菩薩或有人從乞手足耳鼻頭目髓
腦血肉皮骨聚落城邑妻子奴婢象馬車
乘金銀瑠璃車磲馬瑙珊瑚虎珀真珠珂貝
衣服飲食如此乞者多是住不可思議解脫
菩薩以方便力而往試之令其堅固所以者

BD00474　維摩詰所説經卷中

衣服飲食如此乞者多是住不可思議解脫
菩薩以方便力而往試之令其堅固所以者何住
不可思議解脫菩薩有威德力故行逼迫示諸
衆生如是難事凡夫下劣无有力勢不能如
是逼迫菩薩譬如龍象蹴踏非驢所堪是
名住不可思議解脫菩薩智慧方便之門

維摩詰經觀衆生品第七

尒時文殊師利問維摩詰言菩薩云何觀於
衆生維摩詰言譬如幻師見所幻人菩薩觀
衆生爲若此如智者見水中月如鏡中見其
面像如熱時炎如呼聲響如空中雲如水聚
沫如水上泡如芭蕉堅如電久住如第五大
如第六陰如第七情如十三入如十九界菩薩
觀衆生爲若此如无色界色如焦穀牙如須

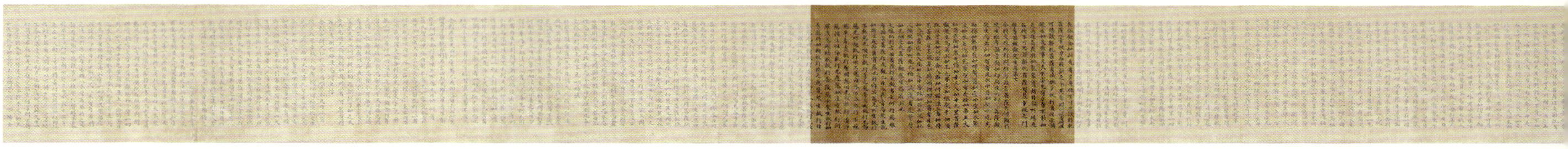

陁洹身見如向那含入胎如向羅漢三毒如得
忍菩薩貪恚毀禁如佛煩惱習如盲者見色
如入滅盡定出入息如空中鳥跡如石女兒如化
人煩惱如夢所見已悟如滅度者受身身
如无烟之火菩薩觀衆生為若此也
文殊師利言若菩薩作是觀者云何行慈維
摩詰言菩薩作是觀已自念我當為衆生説
如斯法是即真實慈也行寂滅慈无所生故行
不熱慈无煩惱故行等之慈等三世故行无諍
慈无所起故行不二慈内外不合故行不壞
慈畢竟盡故行堅固慈心无毀故行清淨
慈諸法性淨故行无邊慈如虛空故行向
羅漢慈破結賊故行菩薩慈安衆生故行如
來慈得如相故行佛之慈覺衆生故行自

BD00474　維摩詰所説經卷中

來慈得如相故行佛之慈覺衆生故行自
然慈无因得故行菩提慈等一味故行无比
慈斷諸愛故行大悲慈導以大乘故行无猒
慈觀空无我故行法施慈无遺惜故行持
戒慈化毀禁故行忍辱慈護彼我故行精進慈
荷負衆生故行禪定慈不受味故行智慧慈
无不知時故行方便慈一切示現故行无隱慈
直心清淨故行深心慈无雜行故行无誑慈
不虛假故行安樂慈令得佛樂故菩薩之慈
為若此也文殊師利又問何謂為悲荅曰菩
薩所作功德皆與一切衆生共之何謂為喜
荅曰有所饒益歡喜无悔何謂為捨荅曰所
作福祐无所悕望文殊師利又問生死有畏
菩薩當何所依維摩詰言菩薩於生死畏中

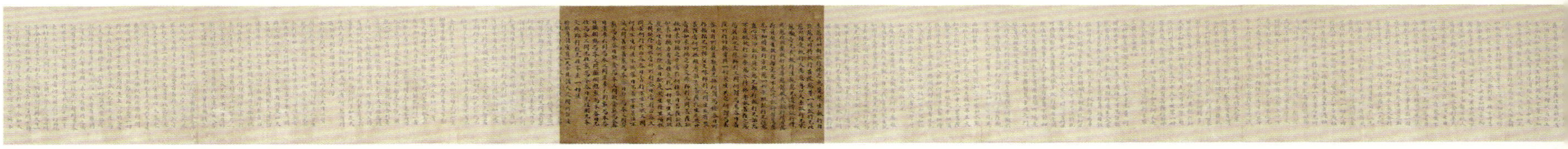

當依如來功德之力文殊師利又問菩薩欲
依如來功德之力當於何住答曰菩薩欲依
如來功德力者當住度脫一切眾生又問欲
度眾生當何所除答曰欲度眾生除其煩惱
又問欲除煩惱當何所行答曰當行正念又
問云何行於正念答曰當行不生不滅又問
何法不生何法不滅答曰不善不生善法不
滅又問善不善孰爲本答曰身爲本又問身
孰爲本答曰欲貪爲本又問欲貪孰爲本答
曰虛妄分別爲本又問虛妄分別孰爲本答
曰顛倒想爲本又問顛倒想孰爲本答曰无
住爲本又問无住孰爲本答曰无住則无本
文殊師利從无住本立一切法
時維摩詰室有一天女見諸大人聞所說法
便現其身即以天華散諸菩薩大弟子上

時維摩詰室有一天女見諸大人聞所說法
便現其身即以天華散諸菩薩大弟子上華
至諸菩薩即皆墮落至大弟子便著不墮一
切弟子神力去華不能令去尒時天問舍利弗
何故去華答曰此華不如法是以去之天曰勿
謂此華為不如法所以者何是華无所分別
仁者自生分別想耳若於佛法出家有所
分別為不如法若无分別是則如法觀諸菩
薩華不著者以斷一切分別想故譬如人畏
時非人得其便如是弟子畏生死故色聲香
味觸得其便已離畏者一切五欲无能為也
結習未盡華著身耳結習盡者華不著也
舍利弗言天止此室其已久如答曰我止此室
如耆年解脫舍利弗言止此久耶天曰耆年解

脫亦何如久舍利弗嘿然不荅天曰如何耆
舊大智而嘿荅曰解脫者无所言說故吾於
是不知所云天曰言說文字皆解脫相所以者
何解脫者不內不外不在兩間文字亦不內不
外不在兩間是故舍利弗无離文字說解
脫也所以者何一切諸法是解脫相舍利弗
言不復以離婬怒癡為解脫乎天曰佛為增
上慢人說離婬怒癡為解脫耳若无增上慢
者佛說婬怒癡性即是解脫舍利弗言善哉
善哉天女汝何所得以何為證辯乃如是天
曰我无得无證故辯如是所以者何若有得
有證者則於佛法為增上慢
舍利弗問天汝於三乘為何志求天曰以聲
聞法化衆生故我為聲聞以因緣法化衆生

聞法化衆生故我爲聲聞以因緣法化衆生
故我爲辟支佛以大悲法化衆生故我爲大乘
舍利弗如人入瞻蔔林唯嗅瞻蔔不嗅餘香
如是若入此室但聞佛功德之香不樂聲聞
辟支佛功德香也舍利弗其有釋梵四天
王諸天龍鬼神等入此室者聞斯上人講說
法皆樂佛功德之香發心而出舍利弗吾止
此室十有二年初不聞說聲聞辟支佛法但
聞菩薩大慈大悲不可思議諸佛之法舍利
弗此室常現八未曾有難得之法何等爲八
此室常以金色光照晝夜無異不以日月所
照爲明是爲一未曾有難得之法此室入者
不爲諸垢之所惱也是爲二未曾有難得之
法此室常有釋梵四天王他方菩薩來會不

絶是為三未曾有難得之法此室常說六波
羅蜜不退轉法是為四未曾有難得之法此室
常作天人第一之樂弦出无量法化之聲是
為五未曾有難得之法此室有四大藏衆
寶積滿周窮濟乏求得无盡是為六未曾有
難德之法此室釋迦牟尼佛阿弥陀佛阿閦
佛寶德寶炎寶月寶嚴難勝師子響一切
利成如是等十方无量諸佛是上人念時即皆
為來廣說諸佛秘要法藏說已還去是為
七未曾有難得之法此室一切諸天嚴飾宮
殿諸佛淨土皆於中現是為八未曾有難得
之法舍利弗此室常現八未曾有難得之法
誰有見斯不思議事而復樂於聲聞法乎舍
利弗言汝何以不轉女身天曰我從十二年
來求女人相了不可得當何所轉譬如幻師化

BD00474　維摩詰所說經卷中

利弗言汝何以不轉女身天曰我從十二年
來求女人相了不可得當何所轉譬如幻師化
作幻女若有人問何以不轉女身是人為正問
不舍利弗言不也幻无定相當何所轉天曰一
切諸法亦復如是无有定相云何乃問不轉
女身即時天女以神通力變舍利弗令如天
女天自化身如舍利弗而問言何以不轉女
身舍利弗以天女像而荅言我今不知何轉
而變為女身天曰舍利弗若能轉此女身
則一切女人亦當能轉如舍利弗非女而現
女身一切女人亦復如是雖現女身而非女
也是故佛說一切諸法非男非女即時天女
還攝神力令舍利弗身還復如故天問舍利
弗女身色相今何所在舍利弗言女身色相无

在无不在 天曰一切諸法亦復如是无在无
不在夫无在无不在者佛所說也舍利弗
問天汝於此沒當生何所天曰佛化所生吾如
彼生曰佛化所生非沒生也天曰衆生猶然
无沒生也舍利弗問天汝久如當得阿耨多
羅三藐三菩提 天曰如舍利弗還爲凡夫我
乃當成阿耨多羅三藐三菩提舍利弗言我
作凡夫无有是處天曰我得阿耨多羅三藐
三菩提亦无是處所以者何菩提无住處
是故无有得者舍利弗言今諸佛得阿耨多
羅三藐三菩提已得當得今得如恒河沙皆
謂何乎天曰皆以世俗文字數故說有三世
非謂菩提有去來今天曰舍利弗汝得阿羅
漢道耶曰无所得故而得天曰諸佛菩薩亦

BD00474　維摩詰所說經卷中

漢道耶曰无所得故而得天曰諸佛菩薩亦
復如是无所得故而得尒時維摩詰語舍利
弗是天女曾已供養九十二億佛已能遊戲
菩薩神通所願具足得无生忍住不退轉以
本願故隨意能現教化衆生

維摩詰經佛道品第八

尒時文殊師利問維摩詰言菩薩云何通達
佛道維摩詰言若菩薩行於非道是爲通
達佛道又問云何菩薩行於非道荅曰若菩
薩行五无間而无惱恚至于地獄无諸罪垢
至于畜生无有无明憍慢等過至于餓鬼而
具足功德行色无色界道不以爲勝示行貪
欲離諸染著示行瞋恚於諸衆生无有恚㝵
示行愚癡而以智慧調伏其心示行慳貪而捨

内外所有不惜身命亦行毁禁而安住淨戒
乃至小罪猶懷大懼亦行瞋恚而常慈忍亦行
懈怠而勤脩功德亦行亂意而常念定亦行愚
癡而通達世間出世間慧亦行諂僞而善方便
隨諸經義亦行憍慢而於衆生猶如橋梁亦
行諸煩惱而心常清淨亦入於魔而順佛
智慧不隨他教亦入聲聞而為衆生說未聞
法亦入辟支佛而成就大悲教化衆生亦入貧
窮而有寶手功德无盡亦入形殘而具諸相
好以自莊嚴亦入下賤而生佛種姓中具諸功
德亦入羸劣醜陋而得那羅延身一切衆
生之所樂見亦入老病而永斷病根超越死
畏亦有資生而恒觀无常實无所貪亦有妻
妾婇女而常遠離五欲淤泥現於訥鈍而成就

畏示有資生而恒觀无常實无所貪示有
妻婇女而常遠離五欲淤泥現於訥鈍而成就
辯才摠持无失示入邪濟而以正濟度諸衆生
現遍入諸道而斷其因緣現於涅槃而不斷生
死文殊師利菩薩能如是行於非道是為通
達佛道於是維摩詰問文殊師利何等為如來
種文殊師利言有身為種无明有愛為種貪
恚癡為種四顛倒為種五蓋為種六入為種七
識處為種八邪法為種九惱處為種十不善道為
種以要言之六十二見及一切煩惱皆是佛種
曰何謂也答曰若見无為入正位者不能復
發阿耨多羅三藐三菩提心譬如高原陸地
不生蓮華卑濕淤泥乃生此華如是見无為
法入正位者終不復能生於佛法煩惱泥中
乃有衆生起佛法耳又如殖種於空終不得

生糞壤之地乃能滋茂如是入无爲正位
者不生佛法起我見如須弥山猶能發于
阿耨多羅三藐三菩提心生佛法矣是故當
知一切煩惱爲如來種辟如不入巨海不能
得无價寶珠如是不入煩惱大海則不能得
一切智寶之心尒時大迦葉歎言善哉善哉
文殊師利快說此語誠如所言塵勞之疇爲
如來種我等今者不復堪任發阿耨多羅三
藐三菩提心乃至五无間罪猶能發意生於
佛法而今我等永不能發辟如根敗之士其於
五欲不能復利如是聲聞諸結斷者於佛法
中无所復益永不志願是故文殊師利凡夫
於佛法有反復而聲聞无也所以者何凡夫聞
佛法能起无上道心不斷三寶正使聲聞終

BD00474　維摩詰所説經卷中

於佛法有返復而聲聞无也所以者何凡夫聞
佛法能起无上道心不斷三寶正使聲聞終
身聞佛法力无畏等永不能發无上道意
尒時會中有菩薩名普現色身問維摩詰
言居士父母妻子親戚眷屬吏民知識悉為
是誰奴婢僮僕象馬車乘皆何所在於是維
摩詰以偈答曰
智度菩薩母　方便以為父　一切衆導師　无不由是生
法喜以為妻　慈悲心為女　善心誠實男　畢竟空寂舍
弟子衆塵勞　隨意之所轉　道品善知識　由是成正覺
諸度法等侶　四攝為伎女　歌詠誦法言　以此為音樂
揔持之園苑　无漏法林樹　覺意淨妙華　解脫智慧菓
八解之浴池　定水湛然滿　布以七淨華　浴此无垢人
象馬五通馳　大乘以為車　調御以一心　遊於八正路
相具以嚴容　衆好飾其姿　慚愧之上服　深心為華鬘

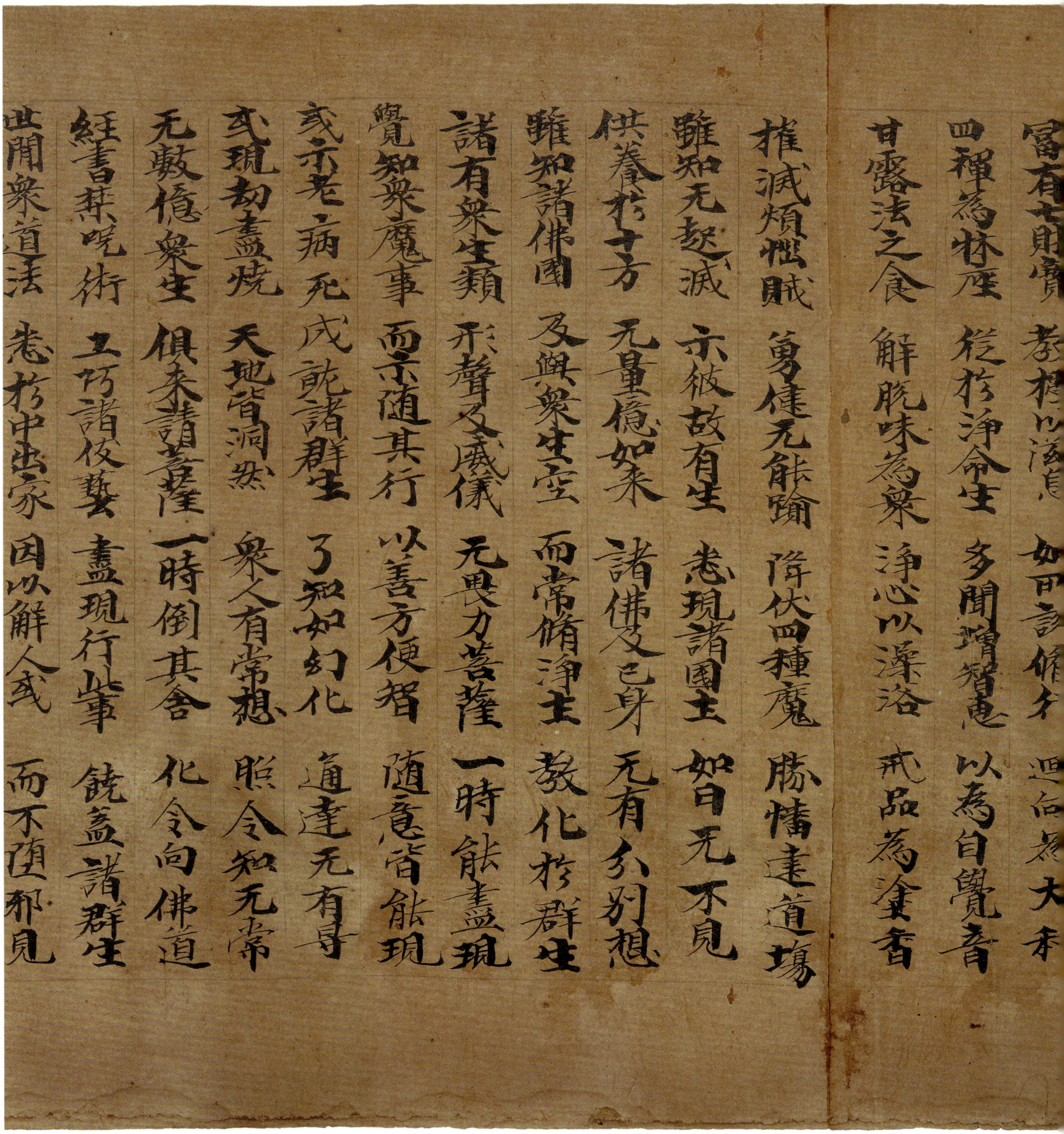

冨有七財寶　教授以滋息　如所說脩行　迴向爲大利
四禪爲牀座　從於淨命生　多聞增智慧　以爲自覺音
甘露法之食　解脫味爲漿　淨心以澡浴　戒品爲塗香
摧滅煩惱賊　勇健无能踰　降伏四種魔　勝幡建道場
雖知无起滅　示彼故有生　悉現諸國土　如日无不見
供養於十方　无量億如來　諸佛及己身　无有分別想
雖知諸佛國　及與衆生空　而常脩淨土　教化於群生
諸有衆生類　形聲及威儀　无畏力菩薩　一時能盡現
覺知衆魔事　而示隨其行　以善方便智　隨意皆能現
或示老病死　成就諸群生　了知如幻化　通達无有㝵
或現劫盡燒　天地皆洞然　衆人有常想　照令知无常
无數億衆生　俱來請菩薩　一時到其舍　化令向佛道
經書禁呪術　工巧諸伎藝　盡現行此事　饒益諸群生
世間衆道法　悉於中出家　因以解人惑　而不墮邪見

BD00474　維摩詰所説經卷中

經書禁呪術　工巧諸伎藝　盡現行此事　饒益諸群生
世間衆道法　悉於中出家　因以解人惑　而不墮邪見
或作日月天　梵王世界主　或時作地水　或復作風火
劫中有疾疫　現作諸藥草　若有服之者　除病消衆毒
劫中有飢饉　現身作飲食　先救彼飢渴　却以法語人
劫中有刀兵　爲之起慈悲　化彼諸衆生　令住无諍地
若有大戰陣　立之以等力　菩薩現威勢　降伏使和安
一切國土中　諸有地獄處　輒往到于彼　勉濟其苦惱
一切國土中　畜生相食噉　皆現生於彼　爲之作利益
示受於五欲　亦復現行禪　令魔心憒亂　不能得其便
火中生蓮華　是可謂希有　在欲而行禪　希有亦如是
或現作婬女　引諸好色者　先以欲鉤牽　後令入佛智
或爲邑中主　或作商人導　國師及大臣　以祐利衆生
諸有貧窮者　現作无盡藏　因以勸導之　令發菩提心
我心憍慢者　爲現大力士　消伏諸貢高　令住無上道

其有恐懼衆　居前而安慰　先施以无畏　後令發道心
或現離婬欲　為五通仙人　開導諸群生　令住戒忍慈
見須供事者　現為作僮僕　既悅可其意　乃發以道心
隨彼之所須　得入於佛道　以善方便力　皆能給足之
如是道无量　所行无有崖　智慧无邊際　度脫无數衆
假令一切佛　於无數億劫　讚歎其功德　猶尚不能盡
誰聞如是法　不發菩提心　除彼不肖人　癡冥无智者

維摩詰經入不二法門品第九

尒時維摩詰謂衆菩薩言諸仁者云何菩薩
入不二法門各隨所樂說之會中有菩薩名
法自在說言諸仁者生滅為二法本不生今
則无滅得此无生法忍者是為入不二法門
德守菩薩曰我我所為二因有我故便有我
所若无有我則无我所是為入不二法門

BD00474　維摩詰所說經卷中

所若无有我則无我所是爲入不二法門
不眴菩薩曰受不受爲二若法不受則不可得
以不可得故无取无捨无作无行是爲入不
二法門
德頂菩薩曰垢淨爲二見垢實性則无淨相
順於滅相是爲入不二法門
善宿菩薩曰是動是爲二无動則无念无念
即无分別通達此者是爲入不二法門
善眼菩薩曰一相无相爲二若知一相即是无
相亦不取无相入於平等是爲入不二法門
妙臂菩薩曰菩薩心聲聞心爲二觀心相空
如幻化者无菩薩心无聲聞心是爲入不二
法門
弗沙菩薩曰善不善爲二若不起善不善入

无相際而通達者是爲入不二法門
師子菩薩曰罪福爲二若達罪性則與福无
異以金剛慧决了此相无縛无解者是爲入
不二法門
師子意菩薩曰有漏无漏爲二若得諸法等
則不起漏不漏想不著於相亦不住无相是
爲入不二法門
淨解菩薩曰有爲无爲爲二若離一切數則
心如虚空以清淨慧无所㝵者是爲入不二
法門
那羅延菩薩曰世間出世間爲二世間性空即
是出世間於其中不入不出不溢不散是爲
入不二法門
善意菩薩曰生死涅槃爲二若見生死性則

BD00474　維摩詰所説經卷中

入不二法門
善意菩薩曰生死涅槃爲二若見生死性則
无生无死无縛无解不然不滅如是解者是爲
入不二法門
現見菩薩曰盡不盡爲二法若究竟盡若
不盡皆是无盡相无盡相即是空空則无有
盡不盡相如是入者是爲入不二法門
普守菩薩曰我无我爲二我尚不可得非我
何可得見我實性者不復起二是爲入不二法
門
電天菩薩曰明无明爲二无明實性即是明明
亦不可取離一切數於其中平等无二者是
爲入不二法門
喜見菩薩曰色色空爲二色即是空非色滅

空色性自空如是受想行識識空爲二識即
是空非識滅空識性自空扵其中而通達者
是爲入不二法門
明相菩薩曰四種異空種異爲二四種性即
是空種性如前際後際空故中際亦空若能
如是知諸種性者是爲入不二法門
妙意菩薩曰眼色爲二若知眼性扵色不貪
不恚不癡是名寂滅如是耳聲鼻香舌味
身觸意法爲二若知意性扵法不貪不恚不癡
是名寂滅安住其中是爲入不二法門
无盡意菩薩曰布施迴向一切智爲二布施性
即是迴向一切智性如是持戒忍辱精進禪
定智慧迴向一切智爲二智慧性即是迴向
一切智性扵其中入一相者是爲入不二法門

BD00474　維摩詰所説經卷中

是智慧迴向一切智為二智慧性即是迴向
一切智性於其中入一相者是為入不二法門
深慧菩薩曰是空是无相是无作為二空即
是无相无相即无作若空无相无作則无心意
識於一解脫門即是三解脫門者是為入不二
法門
寂根菩薩曰佛法眾為二佛即是法法即是眾
是三寶皆无為相與虛空等一切法亦尒能
隨此行者是為入不二法門
心无导菩薩曰身身滅為二身即是身滅所
以者何見身實相者不起見身及見滅身身
與滅身无二无分別於其中不驚不懼者是
為入不二法門
上善菩薩曰身口意善為二是三業皆无作
相身无作相即口无作相口无作相即意

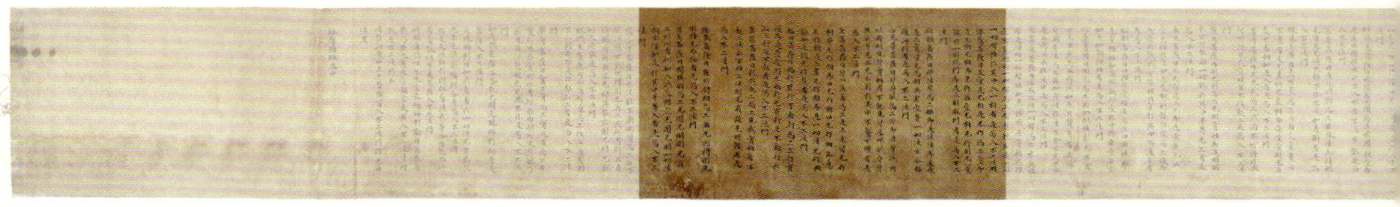

无作相是三業无作相即是一切法无作相
能如是隨无作慧者是爲入不二法門
福田菩薩曰福行罪行不動行爲二三行實
性即是空空則无福行无罪行无不動行於
此三行而不起者是爲入不二法門
華嚴菩薩曰從我起二爲二見我實相者不
起二法若不住二法則无有識无所識者是
爲入不二法門
德藏菩薩曰有所得相爲二若无所得則无
取捨无取捨者是爲入不二法門
月上菩薩曰闇與明爲二无闇无明則无有
二所以者何如入滅受想定无闇无明一切法
相亦復如是於其中平等入者是爲入不二
法門

相亦復如是於其中平等入者是爲入不二
法門
寶印手菩薩曰樂涅槃不樂世間爲二若不
樂涅槃不猒世間則无有二所以者何若有
縛則有解若本无縛其誰求解无縛无解
則无樂猒是爲入不二法門
珠頂王菩薩曰正道邪道爲二住正道者則
不分別是邪是正離此二者是爲入不二法
門
樂實菩薩曰實不實爲二實見者尚不見
實何況非實所以者何非肉眼所見慧眼乃
能見而此慧眼无見无不見是爲入不二法
門
如是諸菩薩各各說已問文殊師利何等是
菩薩入不二法門

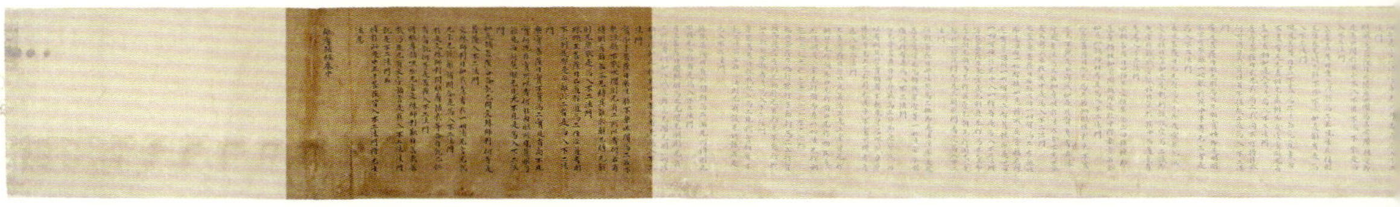

文殊師利曰如我意者於一切法无言无説
无示无識離諸問荅是為入不二法門
於是文殊師利問維摩詰我等各自説已仁
者當説何等是菩薩入不二法門
時維摩詰嘿然无言文殊師利歎曰善哉善
哉乃至无有文字語言是真入不二法法門
説是不二法門品
時於此衆中五千菩薩皆入不二法門得无生
法忍

維摩詰經卷中

BD00474　維摩詰所説經卷中

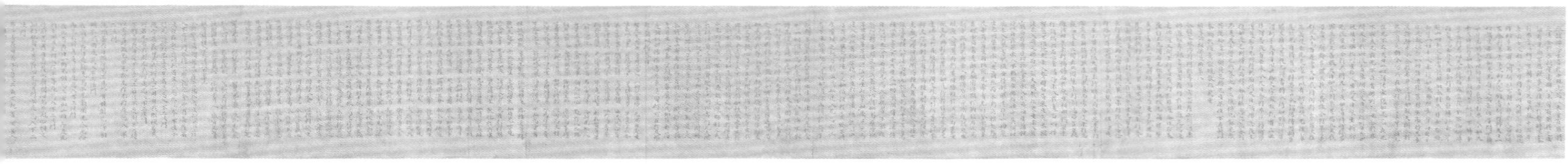

維摩詰經卷中

BD00474　維摩詰所説經卷中

BD00475 大般若波羅蜜多經卷五八二

（唐）玄奘 譯

BD00475v 勘記

91.5cm × 25.4cm

大般若波羅蜜多經卷第五
第十一布施波羅蜜多分之四
尒時舍利子白佛言世尊云
心云何菩薩第二發心云何
云何菩薩坐菩提座唯願世
時佛告舍利子言若諸菩
羅漢應受一切世間天人阿素
故若諸菩薩第二發心超獨
我空法空所顯平等真法界故若諸菩
不退地超未受記不定菩薩定當證得大菩
提故不爲煩惱間雜心故若諸菩薩坐菩提
座不起定得一切智智以諸菩薩坐菩提座
若未證得一切智智无處无容超斷座故又

舍利子過去未來現在菩薩坐菩提座定无
未得一切智智於其中間起兹座者又舍利
子汝等應知若時菩薩坐菩提座即是如來
坐菩提座所以者何如是菩薩定證无上正
等菩提号為如來應正等覺如實利樂諸有
情故
時舍利子及諸天衆佛神力故即見東方无
量殑伽沙等世界无數菩薩坐菩提座无數
菩薩證大菩提无數菩薩以正信心出趣非
家脩菩薩行无數菩薩以无染心現處居家
脩菩薩行佛神力故復見東方无量殑伽沙
等世界无數菩薩能捨種種難捨珍寶施諸
有情無數菩薩斬自身首施諸有情无數菩
薩剜鼻割耳施諸有情无數菩薩刖足截手

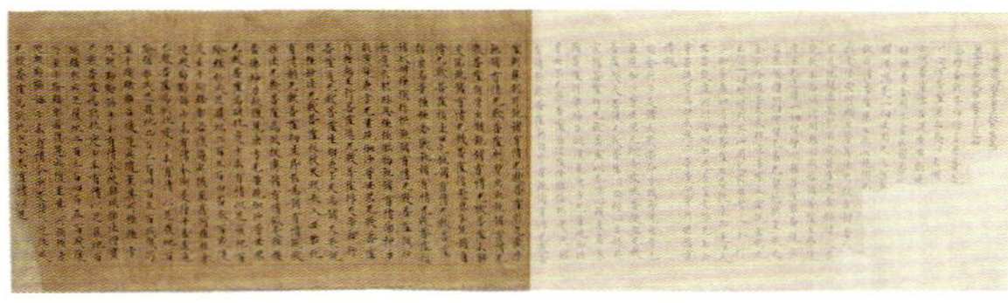

薩劓鼻割耳施諸有情无數菩薩刖足截手
施諸有情无數菩薩剜身出血施諸有情无
數菩薩析骨出髓施諸有情无數菩薩支解
支節施諸有情无數菩薩捨愛妻子施諸有
情无數菩薩捨上田宅施諸有情无數菩薩
捨象馬等種種禽獸施諸有情无數菩薩捨
諸奴婢僮僕作使施諸有情无數菩薩捨妙
飲食衣服臥具種種財物施諸有情佛神力
故復見東方无量殑伽沙等世界无數菩薩
作轉輪王行菩薩道无數菩薩作天帝釋行
菩薩道无數菩薩生覩史多天為諸天衆說
種種妙法无數菩薩從彼天沒來入母胎化
有情類无數菩薩初生即能為諸有情説微
妙法无數菩薩為欲拔濟諸有情故受種種

若佛神力故復見東方无量殑伽沙等世界
无數菩薩為欲化度少分有情以足履地百
踰繕那或足履地二百三百四百五百或復
及至千踰繕那若復過此隨至其所種種方
便殷勤勸誨少分有情令漸受持十善業道
无數菩薩為欲化度少分有情以足履地百
踰繕那或足履地二百三百四百五百或復乃
至千踰繕那若復過此隨至其所種種方
便殷勤勸誨少分有情令敀歸依佛法僧寶
无數菩薩為欲化度少分有情以足履地百
踰繕那或足履地二百三百四百五百或復
乃至千踰繕那若復過此隨至其所種種方
便殷勤勸誨少分有情令漸受持八近住戒
无數菩薩為欲化度少分有情以足

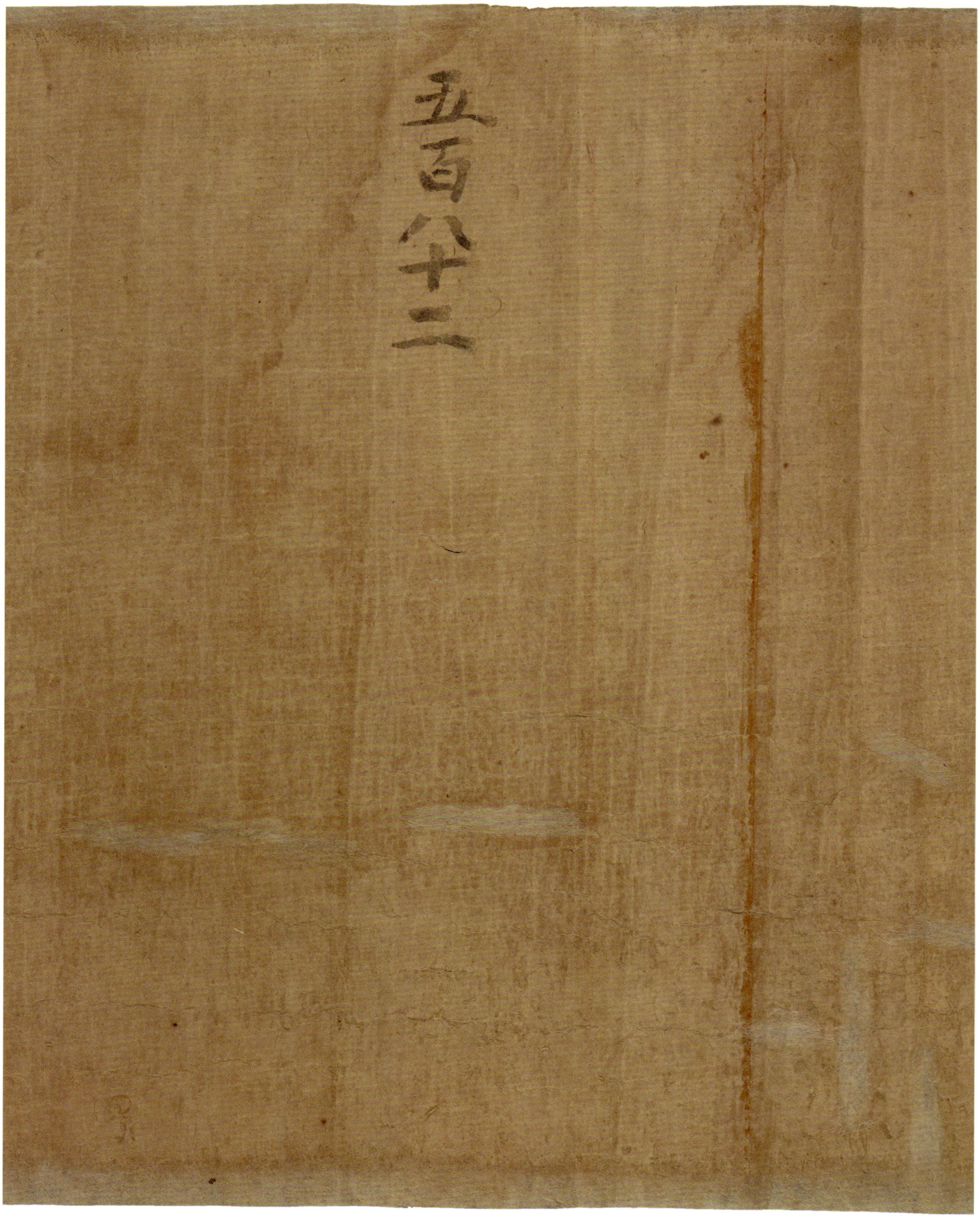

BD00475v　勘記

BD00476 大般若波羅蜜多經卷五八四

（唐）玄奘 譯

BD00476v 勘記

90.4cm × 25.1cm

大般若波羅蜜多經卷第五百八十
第十二淨戒波羅蜜多分之一
如是我聞一時薄伽梵在室
給孤獨園與大苾芻衆千二百五十
世尊告具壽舍利子汝今應為欲
乐等菩提諸菩薩摩訶薩宣說淨戒
多時舍利子蒙佛教勅承佛神力先
波羅蜜多教誡教授諸菩薩摩訶薩
子便問具壽舍利子言云何應知善
云何應知菩薩犯戒云何菩薩所應
何菩薩非所行處時舍利子便答具壽
子言若諸菩薩安住聲聞獨覺作意日
薩非所行處若諸菩薩安住此處應知具
菩薩犯戒若諸菩薩行於非處是諸菩薩

定不能攝受淨戒波羅蜜多若諸菩薩决定
不能攝受淨戒波羅蜜多是諸菩薩捨本誓
願若諸菩薩捨本誓願應知是為菩薩犯戒
又滿慈子若諸菩薩脩行布施迴向聲聞或
獨覺埊是名菩薩行於非處若諸菩薩行於
非處應知是為菩薩犯戒若諸菩薩安住居
家受妙五欲應知非為菩薩犯戒若諸菩薩
行布施時迴向聲聞或獨覺地不求无上正
等菩提應知是為菩薩犯戒譬如王子應受
父王所有教令應學王子所應學法謂諸王
子皆應善學諸工巧處及事業處所謂乘象
乘馬乘車及善持御弓弩排矟刀劍鈎輪奔
走跳躑書印筭數聲因論等及餘種種工巧
事業若諸王子能勤習學如是等類順益王
法雖受五欲種種嬉戲而不為王之所訶責

BD00476　大般若波羅蜜多經卷五八四

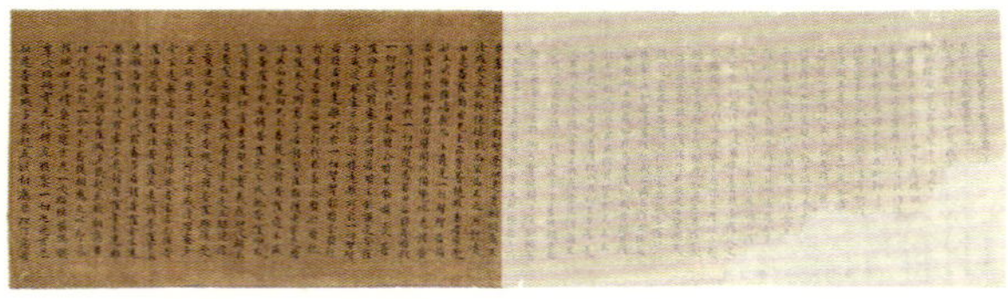

事業若諸王子能勤習學如是等類順益王
法雖受五欲種種嬉戲而不爲王之所訶責
如是菩薩勤求无上正等菩提雖處居家受
妙五欲種種嬉戲而不遠逹一切智智若諸
菩薩行布施時迴向聲聞或獨覺地是諸菩
薩行於非處於一切智便爲非田若時若時於
一切智已成非田尒時尒時不能攝受菩
薩淨戒波羅蜜多若時若時不能攝受菩薩
淨戒波羅蜜多尒時尒時遠離所求一切智智
若時若時遠離所求一切智智尒時尒時行
於非處若時若時行於非處尒時尒時犯
菩薩戒又滿慈子若諸菩薩雖復出家受持
淨戒而不迴向无上菩提是諸菩薩定不成
就菩薩淨戒若諸菩薩定不成就菩薩淨戒
是諸菩薩但有虛名都无實義應知受負[illegible]

名菩薩若諸菩薩身處居家而受三歸深信
三寶迴向无上正等菩提是諸菩薩雖復受
用五欲樂具而於菩薩所行淨戒波羅蜜多
常不遠離亦名真實持淨戒者亦名安住菩
薩淨戒若諸菩薩住菩薩戒是諸菩薩常不
遠離菩薩淨戒波羅蜜多若諸菩薩常不遠
離菩薩淨戒波羅蜜多是諸菩薩常不遠離
一切智智若諸菩薩雖多發起五欲相應非
理作意而起一念无上菩提相應之心即能
摧滅如多積集迦遮末尼一吠瑠璃能掩暎
奪吠瑠璃寶光彩價直暎奪一切迦遮末尼
如是菩薩雖多發起五欲相應非理作意若

BD00476v　勘記

BD00477

思益梵天所問經（异本）卷一

（後秦）鳩摩羅什 譯

956.7cm × 25.5cm

其名曰文殊師利法王子寶手法王子寶積
法王子寶印手法王子寶德法王子虛空藏
法王子發心轉法輪法王子網明法王子鄣
諸煩惱法王子能捨一切法法王子德藏法
王子華嚴法王子師子法王子月光法王子
尊意法王子善莊嚴法王子及跋陁波羅等
十六賢士跋陁波羅菩薩寶積菩薩星德菩
薩帝天菩薩水天菩薩善力菩薩大意菩
薩殊勝意菩薩不增意菩薩菩發意菩薩
不虛見菩薩不休息菩薩不少意菩薩導
師菩薩日藏菩薩持地菩薩如是等菩薩摩
訶薩七万二千人及四天王釋提桓因等忉利
諸天夜魔天兜率陁天化樂天他化自在天及
梵天王等諸梵天并餘无量諸天龍鬼神夜

叉乾闥婆阿脩羅迦樓羅緊那羅摩睺羅
伽人與非人並皆來集尒時世尊大衆恭敬
圍遶而爲說法於是網明菩薩即從坐起偏袒
右肩右膝著地頭面礼佛足合掌向佛震動
三千大千世界引導趣發一切大衆而白佛言
世尊我欲從佛少有所問若佛聽者乃敢諮請
佛告網明恣汝所問當爲解說悅可尒心於是
網明既蒙聽許心大歡喜即白佛言世尊如
來身相超百千万日月光明我自惟念若有
衆生能見佛身甚爲希有我復惟念若有衆
生能見佛身皆是如來威神之力佛告網明
如是如是如汝所言若佛不加威神衆生无
有能見佛身亦无能問網明當知如來有光
名寂莊嚴若有衆生遇斯光者能見佛身不

名稱莊嚴若有衆生遇斯光者能見佛身不
壞眼根又如来光名无畏辯若有衆生遇斯
光者能聞如来其辯无盡又如来光名集諸
善根若有衆生遇斯光者能聞如来轉輪聖
王行業因緣又如来光名淨莊嚴若有衆生
遇斯光者能聞如来天帝釋行業因緣又如
来光名得自在若有衆生遇斯光者能聞如
来梵天王行業因緣又如来光名離煩惱若
有衆生遇斯光者能聞如来聲聞乘所行之道
又如来光名善遠離若有衆生遇斯光者能
聞如来辟支佛乘所行之道又如来光名益
一切智若有衆生遇斯光者能聞如来大乘
佛事又如来光名日往益佛来去時足下光
明衆生遇者命終生天又如来光名一切莊

嚴若佛入城放斯光明衆生遇者得歡喜樂
一切嚴飾之具莊嚴其城城中寶藏從地涌
出又如来光名曰震動佛以此光能動无量
无邊世界又如来光名曰生樂佛以此光能
滅地獄衆生苦惱又如来光名曰上慈佛以
此光能令畜生不相惱害又如来光名曰涼
樂佛以此光能滅餓鬼飢渴熱惱又如来光
名曰月淨佛以此光使盲者得視又如来光
名曰聽聰佛以此光能令衆生聾者得聽又
如来光名曰慚愧佛以此光能令衆生狂者
得正又如来光名曰止息佛以此光能令衆
生捨十不善道安住十善道又如来光名曰
離惡佛以此光能令邪見衆生皆得正見又
如来光名曰能捨佛以此光能破衆生慳貪

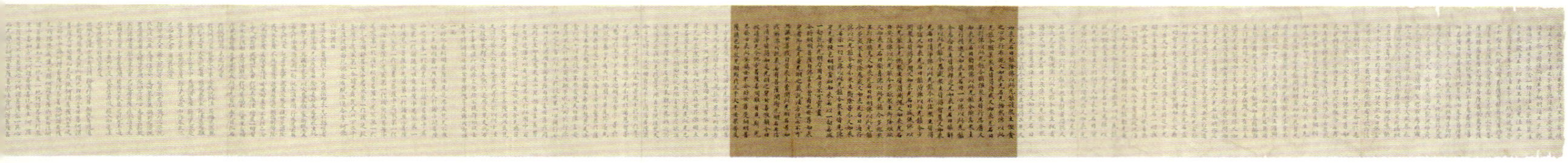

如来光名曰能捨佛以此光能破衆生慳貪
之心令行布施又如来光名无悔熱佛以此
光能令毀禁衆生皆得持戒又如来光名曰
安利佛以此光能令瞋恨衆生皆行忍辱又
如来光名曰勤脩佛以此光能令懈怠衆生
皆行精進又如来光名曰一心佛以此光能
令忘念衆生皆得禪定又如来光名曰能解
佛以此光能令愚癡衆生皆得智慧又如来
光名曰清淨佛以此光能令不信衆生皆得
淨信又如来光名曰能持佛以此光能令少
聞衆生皆得多聞又如来光名曰威儀佛以
此光能令无慚衆生皆得慚愧又如来光名
曰安隱佛以此光能令多欲衆生斷除婬欲
又如来光名曰歡喜佛以此光能令多怒衆

生斷除瞋恚又如來光名曰照明佛以此光能
令多癡衆生斷除愚癡又如來光名曰遍行
佛以此光能令等分衆生斷除等分又如來
光名示一切色佛以此光能令衆生皆見佛
身无量種色網明當知如來若以一劫若減
一劫說此光明力用名号不可窮盡
尒時網明菩薩白佛言未曾有也世尊如來
身者即是无量光明之藏說法方便亦不可
思議世尊我自昔來未曾聞此光明名号如
我解佛所說義若有菩薩聞斯光明名号信
心清淨皆得如是光明之身世尊唯願今日
放請諸光令他方菩薩善問難者見斯光
已發心來此娑婆世界尒時世尊受網明菩
薩請已即放光明照於三千大千世界普及

薩請已即放光明照於三千大千世界普及
十方无量佛土於是諸方无量百千万億菩
薩見斯光已皆来至此娑婆世界尒時東方
過七十二恒河沙佛土有國名清潔佛号曰
月光如来應供正遍知今現在世其佛國土
有菩薩梵天名曰思益住不退轉見此光已
到日月光佛所頭面作礼白佛言世尊我欲詣
娑婆世界釋迦牟尼佛所奉覲供養親近諮
受彼佛亦復欲見我等其佛告言便往梵天
今正是時彼娑婆國有若干千億諸菩薩集
汝應以十法遊於彼土何等為十於毀於譽
心无增減聞善聞惡心无分別於諸愚智等
以悲心於上中下衆生之類意常平等於
輕毀供養心无有二於他闕失莫見其過見

種種乘皆是一乘聞三惡道亦勿驚畏於諸
菩薩生如来想佛出五濁生希有想梵天汝
當以此十法遊彼世界思益梵天白佛言世
尊我不敢於如来前作師子吼我所能行佛
自知之今當以此十法於彼世界一心脩行尒
時日月光佛國有諸菩薩白佛言世尊我得
大利不生如是惡衆生中其佛告言善男
子勿作是語所以者何若菩薩於此國中百
千劫淨脩梵行不如彼土從旦至食无瞋㝵
心其福爲勝即時有万二千菩薩與思益梵
天俱共發来而作是言我等亦欲以此十法
遊彼世界見釋迦牟尼佛於是思益梵天與万
二千菩薩俱於彼佛土忽然不現譬如壯士
屈申臂頃到娑婆世界釋迦牟尼佛所却住

BD00477　思益梵天所問經（异本）卷一

屈申臂頃到娑婆世界釋迦牟尼佛所却住
一面
尒時佛告網明菩薩汝見是思益梵天不唯
然已見網明當知思益梵天於諸正問菩薩
中爲最第一於諸善分別諸法菩薩中爲
最第一於諸隨宜經意菩薩中爲最第一
於諸慈心菩薩中爲最第一於諸悲心菩薩
中爲最第一於諸喜心菩薩中爲最第一於
諸捨心菩薩中爲最第一於諸軟語菩薩中
爲最第一於諸不瞋导菩薩中爲最第一於
諸先意問訊菩薩中爲最第一於諸決疑
菩薩中爲最第一尒時思益梵天與万二千
菩薩俱頭面礼佛足右繞三匝合掌向佛
以偈讚曰

世尊大名勝　普聞於十方　所在諸如來　无不稱嘆者
有諸餘淨國　无三惡道名　捨如是妙土　慈悲故生此
佛智无減少　與諸如來等　以大悲本願　處斯穢惡土
若人於淨國　持戒滿一劫　此土須臾間　行慈爲最勝
若人於此土　起身口意罪　應墮三惡道　現世受得除
生此土菩薩　不應懷憂怖　設有惡道罪　頭痛則得除
此土諸菩薩　若能守護法　世世所生處　不失於正念
若人欲斷縛　滅煩惱業罪　於此土護法　增益一切智
淨土多億劫　受持法解說　於此娑婆界　從旦至食時
我見喜樂國　及見安樂土　此中无苦惱　亦无苦惱名
於彼作功德　未足以爲奇
於此煩惱處　能忍不可事　亦教他此法　其福爲最勝
我礼无上尊　大悲故苦者　能爲惡衆生　説法甚爲難
佛集无量衆　十方世界中　名聞諸菩薩　聽法无厭足

佛集无量衆 十方世界中 名聞諸菩薩 聽法无厭足
佛集十方界 名聞諸菩薩 聽法无厭足 如海呑衆流
爲如是人等 廣說於佛道
釋梵四天王 諸天龍神等 皆集欲求法 隨所信樂說
比丘比丘尼 及清信士女 是四衆普集 願時爲演說
有樂佛乘者 及緣覺聲聞 佛知其深心 悉皆爲斷疑
不斷佛種者 能出生三寶 爲是諸菩薩 我今請法王
名稱普流者 十方菩薩聞 皆悉共來集 爲說无上道
此无上大法 二乘所不及 我等信力故 得入如是法
不可思議慧 非我等所及
佛雖无疲倦 我今有所請 悔過於世尊 願說菩提道
尒時思益梵天說此偈已白佛言世尊何謂
菩薩其心堅固而无疲倦何謂菩薩所言決
定而不中悔何謂菩薩增長善根何謂菩薩

无所怨畏威儀不轉何謂菩薩成就白法何
謂菩薩善知從一地至一地何謂菩薩於衆
生中善知方便何謂菩薩善化衆生何謂
菩薩世世不失菩提之心何謂菩薩能一其心
而无雜行何謂菩薩善求法寶何謂菩薩善
出毀禁之罪何謂菩薩善除煩惱何謂菩薩
善入諸大衆何謂菩薩善開法施何謂菩薩
得先因力不失善根何謂菩薩不由他教而
能自行六波羅蜜何謂菩薩能轉捨禪定
還生欲界何謂菩薩於諸佛法得不退轉何
謂菩薩不斷佛種
尒時世尊讚思益梵天善哉善哉能問如来
如此之事汝今諦聽善思念之唯然世尊願
樂欲聞佛告思益梵天菩薩有四法堅固其

樂欲聞佛告思益梵天菩薩有四法堅固其
心而不疲倦何謂四一者於諸衆生起大悲
心二者精進不懈三者信解生死如夢四者
正思惟佛之智慧菩薩有此四法堅固其心
而不疲倦梵天菩薩有四法所言決定而不中
悔何等爲四一者決定說諸法无我二者決
定說諸生處无可樂者三者決定常讚大乘
四者決定說罪福業不失是爲四法梵天菩
薩有四法增長善根何等爲四一者持戒二
者多聞三者布施四者出家是爲四梵天菩
薩有四法无所恐畏威儀不轉何等四一者
失利二者惡名三者毀辱四者苦惱是爲四
梵天菩薩有四法成就白法何等四一者教
人令信罪福二者布施不求果報三者守護

三法四者以智慧教諸菩薩是為四梵天菩
薩有四法善知從一地至一地何等四一者
久殖善根二者離諸過咎三者善知方便迴
向四者勤行精進是為四梵天菩薩有四法
善知方便何等四一者順衆生意二者於他
功德起隨喜心三者悔過除罪四者勸請諸
佛是為四梵天菩薩有四法善化衆生何等
四一者常求利安衆生二者自捨己樂三者
心和忍辱四者除捨憍慢是為四梵天菩薩
有四法世世不失菩提之心何等四一者常憶
念佛二者所作功德常為菩提三者親近善
知識四者稱揚大乘是為四梵天菩薩有
四法能一其心而无雜行何等四一者離聲
聞心二者離辟支佛心三者求法无猒四者

聞心二者離辟支佛心三者求法无猒四者
如所聞法廣爲人説是爲四梵天菩薩有
四法善求法寶何等四一者於法中生寶想
以難得故二者於法中生藥想療衆生病故
三者於法中生財利想以不失故四者於法中
生滅一切苦想得至涅槃故是爲四梵天菩薩
有四法善出毀禁之罪何等四一者得无生
法忍以諸法无来故二者得无滅忍以諸法
无去故三者得因緣忍知諸法因緣生故四
者得无住忍无異心相續故是爲四梵天菩
薩有四法善除煩惱何等四一者正憶念二
者鄣諸根三者得善法力四者獨處遠離
是爲四梵天菩薩有四法善入諸大衆何等
四一者求法不求勝二者恭敬心无憍慢三者

唯求法利不自顯現四者教人善法不求名
利是為四梵天菩薩有四法善開法施何等
四一者守護於法二者自益智慧亦益他人
三者行善人法四者示人垢淨是為四梵天
菩薩有四法得光因力不失善根何等四一
者見他人闕不以為過二者於瞋怒人常脩
慈心三者常說諸法因緣四者常念菩提是
為四梵天菩薩有四法不由他教而能自行
六波羅蜜何等四一者以施導人二者不說
他人毀禁之罪三者善知攝法教化衆生四
者解達深法是為四梵天菩薩有四法能轉
捨禪定還生欲界何等四一者其心柔濡二
者得諸根善力三者不捨一切衆生四者善
脩智慧方便之力是為四梵天菩薩有四法

脩智慧方便之力是爲四梵天菩薩有四法
於諸佛法得不退轉何等四一者受无量生
死二者供養无量諸佛三者脩行无量慈心
四者信解无量佛慧是爲四梵天菩薩有四
法不斷佛種何等四一者不退本願二者言
必施行三者大欲精進四者深心行於佛道
是爲菩薩有四法不斷佛種說是諸四法時
三万二千天及人皆發阿耨多羅三藐三菩
提心五千人得无生法忍十方諸來菩薩
供養於佛所散天華周遍三千大千世界
積至于膝
尒時綱明菩薩問思益梵天言佛說汝於正
問菩薩中爲最第一何謂菩薩所問爲正問
耶梵天言綱明若菩薩以彼我問名爲邪問

分別法問名爲邪問若无彼我問名爲正問
不分別法問名爲正問又網明以生故問名
爲邪問以滅故問名爲邪問以住故問名爲
邪問若不以生故問不以滅故問不以住故問
名爲正問又網明若菩薩爲垢故問名爲邪
問爲淨故問名爲邪問爲生死故問名爲邪
問爲出生死故問名爲邪問爲涅槃故問名
爲邪問若不爲垢淨故問不爲生死出生死
故問不爲涅槃故問名爲正問所以者何法
位中无垢无淨无生死无涅槃又網明若菩
薩爲見故問爲斷故問爲證故問爲脩故
問爲得故問爲果故問名爲邪問若无見无
斷无證无脩无得无果故問名爲正問又網
明是善是不善名爲邪問是世間法是出世

明是善是不善名爲邪問是世間法是出世
間法是有罪法是无罪法是有漏法是无漏
法是有爲法是无爲法如是等二法隨所依
而問者名爲邪問若不見二不見不二問名
爲正問
又網明若菩薩分別佛問名爲邪問分別法
分別僧分別衆生分別佛國分別諸乘問名
爲邪問若於法不作一異問者名爲正問又
網明一切法正一切法邪網明言梵天何謂
一切法正一切法邪梵天言於諸法性无心
故一切法名爲正若於无心法中以心分別
觀者一切法名爲邪觀一切法離相名爲正
若不信解是離相是即分別諸法若分別諸法
則入增上慢隨所分別皆名爲邪網明言何

謂為諸法正性梵天言諸法離自性離欲際
是名正性綱明言少有能解如是正性梵天
言是正性不一不多綱明若有善男子善女
人能如是知諸法正性若已知若今知若當
知是人无有法已得无有法今得无有法當
得所以者何佛說无得无分別名為所作已
辦相若人聞是諸法正性懃行精進是名如
說脩行不從一地至一地若不從一地至一地
是人不在生死不在涅槃所以者何諸佛不
得生死不得涅槃綱明言佛不為度生死故
說法耶梵天言佛所示法有度生死耶綱明
言无耶梵天言以是因緣當知佛不令衆生
出生死入涅槃但為度妄想分別生死涅槃
二者相耳此中實无度生死至涅槃者所

BD00477　思益梵天所問經（异本）卷一

二者相可此中實无度生死至涅槃者所
以者何諸法平等无有往来生死无入涅槃
尒時世尊讚思益梵天言善哉善哉說諸
法正性應如汝所說說是法時二千比丘不
受諸法漏盡心得解脫佛告梵天我不得生
死不得涅槃如来雖說生死實无有人往来
生死雖說涅槃實无有人得滅度者若有入
此法門者是人非生死相非滅度相尒時會
中五百比丘從坐而起作是言我等空脩梵
行今實見有滅度者而言无有滅度我等
何用脩道求智慧為
尒時網明菩薩白佛言世尊若有於法生見
則於其人佛不出世世尊若有決定見涅槃
者是人不度生死所以者何涅槃名為除滅

諸相遠離一切動念戲論世尊是諸比丘於
佛正法出家而今墮於外道邪見見涅槃決
定相譬如從麻出油從酪出蘇世尊若人於諸
法滅相中求涅槃者我說是輩皆爲增上慢
人世尊正行道者於法不作生不作滅无得
无果網明謂梵天言是五百比丘從坐起
者汝當爲作方便引道其心入此法門令得
信解離諸邪見梵天言善男子縱使令去至
恒河沙劫不能得出如此法門譬如癡人畏
於虛空捨空而走在所至處不離虛空此諸
比丘亦復如是雖復遠去不出空相不出无
相相不出无作相又如一人求索虛空東西
馳走言我欲得空我欲得空是人但說虛空
名字而不得空於空中行而不見空此諸比

BD00477　思益梵天所問經（异本）卷一

名字而不得空於空中行而不見空此諸比
丘亦復如是求欲求涅槃行涅槃中而不得
涅槃所以者何涅槃者但有名字猶如虛空
但有名字不可得取涅槃亦復如是但有名
字而不可得尒時五百比丘聞說是法不受
諸法漏盡心得解脫得阿羅漢道作是言世
尊若人於諸法畢竟滅相中求涅槃者則於
其人佛不出世世尊我等今者非凡夫非學非
无學不在生死不在涅槃所以者何佛出故名
為遠離一切動念戲論
尒時長老舍利弗謂諸比丘汝今得正智為
已利耶五百比丘言長老舍利弗我等今者得
諸煩惱不可作而作舍利弗言何故說此諸比
丘言知諸煩惱實相故言得諸煩惱涅槃是

无作性我等已證故説不可作而作舍利弗
言善哉善哉汝等今者住於福田能消供養
諸比丘言大師世尊尚不能消諸供養何况
我等舍利弗言何故説此諸比丘言世尊知
見諸法性性常淨故於是思益梵天白佛言
世尊誰應受供養佛告梵天不為世法之所
牽者世尊誰能消供養佛言於法无所取著
世尊誰為世間福田佛言不壞菩提性者世
尊誰為衆生善知識佛言於一切衆生不捨
慈心者世尊誰知報佛恩佛言不斷佛種
者世尊誰能供養佛佛言能通達无生
際者世尊誰能親近於佛佛言乃至失命因
緣不毁禁者世尊誰能恭敬於佛佛言善覆
六根者世尊誰名財富佛言成就七財者世

六根者世尊誰名財富佛言成就七財者世
尊誰名知足佛言得出世間智慧者世尊誰
爲遠離佛言於三界中无所願者世尊誰爲
具足佛言能斷一切諸結使者世尊誰爲樂
人佛言无貪著者世尊誰无貪著佛言知見
五陰者世尊誰度欲河佛言能捨六入者世尊
誰住彼岸佛言能知諸道平等者世尊何謂
菩薩能爲施主佛言菩薩能教衆生一切智
心世尊何謂菩薩能奉禁戒佛言常能不捨
菩提之心世尊何謂菩薩能行忍辱佛言見心
相念念滅世尊何謂菩薩能行精進佛言求
心不得世尊何謂菩薩能行禪定佛言除身
心麁相世尊何謂菩薩能行智慧佛言於一
切法无有戲論世尊何謂菩薩能行慈心佛

言不生衆生想世尊何謂菩薩能行悲心佛
言不生法想世尊何謂菩薩能行喜心佛言
不生我相世尊何謂菩薩能行捨心佛言不
生彼我相世尊何謂菩薩安住於信佛言信
解心淨无有濁法世尊何謂菩薩安住於空
言不著一切語言世尊何謂菩薩名為有慚
佛言知見內法世尊何謂菩薩名為有愧佛
言捨於外法世尊何謂名為菩薩遍行佛言
能淨身口意業尒時世尊而説偈言

若身淨无惡　口淨常實語　心淨常行慈　是菩薩遍行
行慈无貪著　觀不淨无恚　行捨而不癡　是菩薩遍行
若在聚空野　及與處大衆　威儀終不轉　是菩薩遍行
知法名為佛　知離名為法　知无名為僧　是菩薩遍行
知多欲所行　知恚癡所行　善知轉此行　是菩薩遍行
不依三界　不住色无色　行如是禪定　是菩薩遍行

知法名爲佛　知義名爲法　知天名爲僧　是菩薩遍行
知多欲所行　知恚癡所行　善知轉此行　是菩薩遍行
不依止欲界　不住色无色　行如是禪定　是菩薩遍行
信解諸法空　及无相无作　而不盡諸漏　是菩薩遍行
善知聲聞乘　及辟支佛乘　通達於佛乘　是菩薩遍行
明解於諸法　不疑道非道　憎愛心无異　是菩薩遍行
於過去未來　及與現在世　一切无分別　是菩薩遍行
尒時思益梵天白佛言世尊何謂菩薩過世
間法通達世間法通達世間法已度衆生於世
間法行於世間不壞世間尒時世尊以偈荅言
說五陰是世　世間所依止　依止於五陰　不脫世間法
菩薩有智慧　知世間實性　所謂五陰如　世間法不染
利衰及毀譽　稱譏與苦樂　如此之八法　常牽於世間
大智慧菩薩　散滅世間法　見世毀譽相　處之而不動
得利心不高　失利心不下　其心堅不動　譬如須弥山

利衰及毀譽　稱譏與苦樂　於此世八法　其心常平等
知世間虛妄　皆從顛倒起　如是之人等　不行世間道
世間所有道　菩薩皆識知　故能於世間　度衆生苦惱
雖行於世間　如蓮花不染　亦不壞世間　通達法性故
世間行世間　不知是世間　菩薩行世間　明了世間相
世間虛空相　虛空亦无相　菩薩知如是　不染於世間
如所知世間　隨知而演說　知世間性故　亦不壞世間
五陰无自性　是即世間性　若人不知是　常住於世間
若見知五陰　无生亦无起　是人行世間　而不依世間
凡夫不知法　於世起諍訟　是實是不實　住是二相中
我常不與世　起於諍訟事　世間之實相　悉已了知故
諸佛所說法　皆悉无諍訟　知世平等故　非實非虛妄
若佛法決定　有實有虛妄　是即為貪著　與外道无異
而今實義中　无實无虛妄　是故我常說　出世法无二

BD00477　思益梵天所問經（异本）卷一

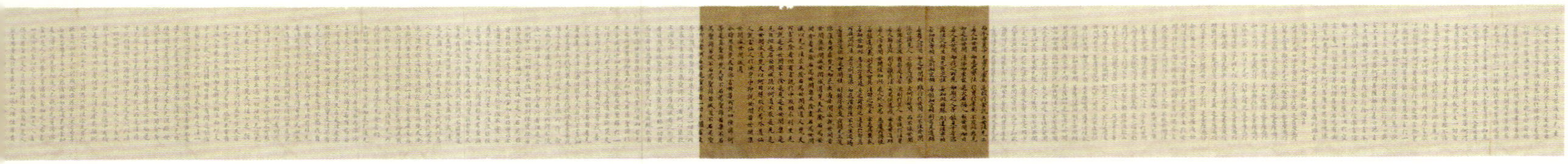

而今實義中　无實无虛妄　是故我常説　出世法无二
若人知世間　如是之實性　於實於虛妄　不取此惡見
如是知世間　清淨如虛空　是大名稱人　照世間如日
若人見世間　如我之所見　如斯之人等　能見十方佛
諸法從緣生　自无有定性　若知此因緣　則達法實相
若知法實相　是則知空相　若能知空相　則爲見道師
若有人得聞　如是世間相　雖行於世間　而不住世間
依止諸見人　不能及此事　云何行世間　而不依世間
若佛滅度後　有樂是法者　佛則於其人　常現於法身
若人解達此　則守護我法　亦爲供養我　亦是世道師
若人須臾聞　世間性如此　是人終不爲　惡魔所得便
若能達此義　則爲大智慧　法財之施主　亦是具禁戒
若知世如此　忍辱力勇健　具足諸禪定　通達於智慧
所在聞此法　其方則有佛　如是諸菩薩　不久坐道場

若有淨愛樂　如是世間性　則能降衆魔　疾得无上道

佛復告思益梵天如來出過世間亦説世間苦
世間集世間滅世間滅道梵天五陰名為世
間貪著五陰名為世間集五陰盡名為世間
滅以无二法求五陰名為世間滅道又梵天
所言五陰者但有言説於中取相分別生見
而説是名世間苦不捨是見是名世間集是
見自相是名世間滅隨以何道不取是見是
名世間滅道梵天以何因緣故我為外道仙
人説言仙人於汝身中即説世間苦世間集
世間滅世間滅道

尒時思益梵天白佛言世尊所説四種諦何
等是真聖諦梵天苦不名為聖諦苦集不名
為聖諦苦滅不名為聖諦苦滅道不名為聖
諦所以者何若苦是聖諦者一切牛驢畜生

BD00477　思益梵天所問經（异本）卷一

爲聖諦苦滅道不名爲聖
諦所以者何若苦是聖諦者一切牛驢畜生
等皆應有苦聖諦若集是聖諦者一切在所
生處衆生皆應有集聖諦所以者何以集故
生諸趣中若苦滅是聖諦者觀滅者說斷滅
者皆應有滅聖諦若道是聖諦者緣一切有
爲道者皆應有道聖諦梵天以是因緣故當
知聖諦非苦非集非滅非道聖諦者知苦无
生是名苦聖諦知集无和合是名集聖諦於
畢竟滅法中知无生无滅是名滅聖諦於一
切法平等以不二法得道是名道聖諦梵天
真聖諦者无有虛妄虛妄者所謂著我著
衆生著人著壽命者著養育者著有著无
著生著滅著生死著涅槃梵天若行者言我知

見苦是虛妄我斷集是虛妄我滅諦是虛妄我
脩道是虛妄所以者何是人違失佛所許念
是故説爲虛妄何等是佛所許念所謂不憶
念一切諸法是爲佛所許念若行者住是念
中則不住一切相若不住一切相則住實際若
住實際是名不住心若不住心是人名爲非
實語非妄語者梵天是故當知若非實非虛
妄者是名聖諦梵天實者終不作不實若
有佛若无佛法性常住所謂生死性涅槃性
常實所以者何非離生死得涅槃名爲聖諦
若人證如是四聖諦是名世間實語者梵天
當來有比丘不脩身不脩戒不脩心不脩慧是
人説生相是苦諦衆緣和合是集諦滅法
是滅諦以二法求相是道諦佛言我説此愚
人等是外道徒黨我非彼人師彼非我弟子

BD00477　思益梵天所問經（异本）卷一

人言[illegible]
是滅諦以二法求相是道諦佛言我説此愚
人等是外道徒黨我非彼人師彼非我弟子
是人墮於邪道破失法故説言有諦梵天汝
且觀我坐道場時不得一法是實是虛妄若
佛不得法是法寧可於衆中有言説有論議有
教化邪梵天言不也世尊梵天以諸法无所
得故諸法離自性故我菩提是无貪著相
尒時思益梵天白佛言世尊若如來於法无
所得者有何利益説如來得菩提名為佛佛
言梵天於汝意云何我所説諸法若有為若
无為是法為實為虛妄耶梵天言是法虛妄
非實於汝意云何若法虛妄非實是法為有
為无梵天言世尊若法虛妄是法不應説有
不應説无梵天於汝意云何若法非有非无

是法有得者不梵天言无有得者梵天如来
坐道場時唯得虛妄顛倒所起煩惱畢竟空
性以无所得故得以无所知故知所以者何我
所得法不可見不可聞不可覺不可識不可取
不可著不可說不可難出過一切法相无語无
說无有文字无言說道梵天此法如是猶
如虛空汝欲於如是法中得利益耶梵天言
不也世尊諸佛如来甚為希有成就未曾有
法深入大慈大悲得如是寂滅相法而以文
字言說教人令得悟解世尊其有聞是能信
者解當知是人不從小功德来世尊是法一
切世間之所難信所以者何世間貪著實而是
法无實无虛妄世間貪著法而是法无法无非
法世間貪著涅槃而是法无生死无涅槃世

BD00477　思益梵天所問經（异本）卷一

法世間貪著涅槃而是法无生死无涅槃世
間貪著善法而是法无善无非善世間貪著
樂而是法无苦无樂世間貪著佛出世而是
法无佛出世亦无涅槃雖有説法而是法非
可説相雖讚説僧而僧即是无為是故此法
一切世間之所難信譬如水中出火火中出水
難可得信如是煩惱中有菩提菩提中有煩
惱是亦難信所以者何如來得是虚妄顛倒
煩惱之性而亦无法可得有所説法亦无有形
雖有所知亦无分別雖證涅槃亦无滅者世尊
若有善男子善女人能信解如是法義者當知
是人得脱諸見當知是人已親近无量諸佛
當知是人已供養无量諸佛當知是人為善
知識所護當知是人志意曠大當知是人善

相深厚當知是人守護諸佛法藏當知是人
能善思量起於善業當知是人種性尊貴
生如来家當知是人能行大捨捨諸煩惱當
知是人得持戒力非煩惱力當知是人得忍辱
力非瞋恚力當知是人得精進力无有疲懈當
知是人得禪定力滅諸惡心當知是人得智慧
力離惡邪見當知是人一切惡魔不能得便
當知是人一切怨賊所不能破當知是人不
誑世間當知是人是真語者善説法相故當
知是人是實語者説第一義故當知是
人善爲諸佛之所護念當知是人柔和濡善
同心安樂當知是人名爲大富有聖財故當
知是人常能知足行聖種故當知是人易滿
易養離貪食故當知是人得安隱心到彼岸
故當知是人度未度者當知是人解未解者

BD00477　思益梵天所問經（异本）卷一

易養離貪食故當知是人得安隱心到彼岸
故當知是人度未度者當知是人解未解者
當知是人安未安者當知是人滅未滅者當
知是人能示正道當知是人能説解説當知
是人為大醫王善知諸藥當知是人猶如良
藥善療衆病當知是人智慧勇健當知是人
為有大力堅固究竟當知是人有精進力不
隨他語當知是人為如師子无所怖畏當知
是人為如象王其心調柔當知是人為如老
象其心隨順當知是人為如牛王能導大衆
當知是人為大勇健能破魔怨當知是人為
大丈夫處衆无畏當知是人无所忌難得无
畏法故當知是人无所畏難説真諦法故當
知是人具清白法如月盛滿當知是人智慧

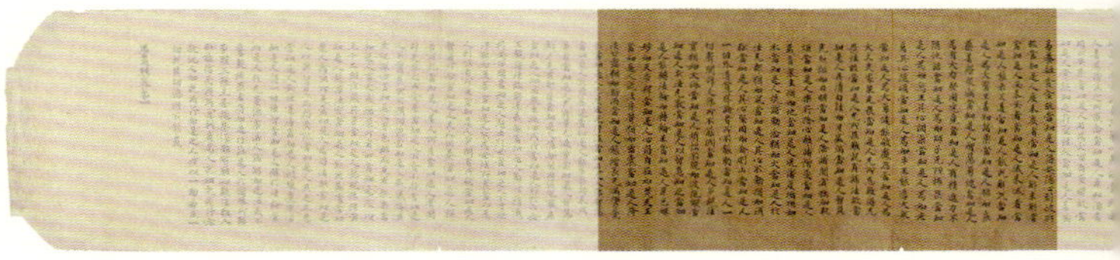

光照猶如日明當知是人除諸闇冥猶如執
炬當知是人樂行捨心離諸憎愛當知是人
載育衆生猶如地當知是人洗諸塵垢猶如
水當知是人燒諸動念猶如火當知是人於
法无鄣猶如風當知是人其心不動猶如須
弥當知是人其心堅固如金剛山當知是人
一切外道覔勝論者所不能動當知是人一
切聲聞辟支佛所不能測當知是人多饒法
寶猶如大海當知是人煩惱不現如波陁羅當
知是人求法无猒當知是人以智慧知是當知
是人能轉法輪如轉輪王當知是人身色姝
妙如天帝釋當知是人心得自在如梵天王
當知是人説法音聲猶如雷震當知是人降
法甘露猶如時雨當知是人能增長无漏根力覺

法甘露猶如時雨當知是人能增長无漏根力覺
分當知是人已度生死汙泥當知是人入佛智慧
當知是人近佛菩提當知是人能多學問未與
等者當知是人无有量已過量當知是人智慧
辯才无有鄣㝵當知是人憶念堅固得陁羅尼
當知是人知諸衆生深心所行當知是人行於正念
正觀諸法故解達義趣當知是人懃行精進
利安世間當知是人超出於世當知是人不可染
汙猶如蓮華當知是人不爲世法所覆當知是
人利根者所愛當知是人多聞者所敬當知是人
智者所念當知是人天人供養當知是人禪
者所礼當知是人善人所貴當知是人聲聞
辟支佛之所貪慕當知是人不貪小行當知是
人不覆藏罪不顯功德當知是人威儀脩具

生他深心當知是人身色端政見者悅樂當
知是人有大威德衆所宗仰當知是人以
三十二相莊嚴其身當知是人能繼佛種當
知是人能護法寶當知是人能供養僧當知
是人諸佛所見當知是人爲得法眼當知是
人以佛智慧而得受記當知是人具足三忍
當知是人安住道場當知是人破壞魔軍當
知是人得一切種智當知是人轉於法輪當
知是人作无量佛事若人信解如是法義不
驚疑怖畏者得如是功德是人於諸佛阿耨
多羅三藐三菩提甚深難解難知難信難入
而能信受讀誦通利廣爲人說如說脩行亦
教他人如說脩行如是之人我以一劫若減一
劫說其功德猶不能盡

BD00477　思益梵天所問經（异本）卷一

劫說其功德猶不能盡

思益經卷第一

圖書在版編目（CIP）數據

中國國家圖書館藏敦煌文獻．第三四册 / 中國國家圖書館編．—北京：國家圖書館出版社，2024.12

ISBN 978-7-5013-7957-6

Ⅰ．①中… Ⅱ．①中… Ⅲ．①敦煌學－文獻 Ⅳ．① K870.6

中國國家版本館 CIP 數據核字（2024）第 036570 號

書　　名	中國國家圖書館藏敦煌文獻・第三四册
著　　者	中國國家圖書館　編
項目統籌	魏　崇　殷夢霞
責任編輯	程魯潔　潘　竹　黄　鑫　苗文葉
責任校對	王　哲
出版發行	國家圖書館出版社（北京市西城區文津街 7 號　100034） （原書目文獻出版社　北京圖書館出版社） 010-66114536　63802249　nlcpress@nlc.cn（郵購）
網　　址	http://www.nlcpress.com
排版印裝	天津裕同印刷有限公司
版次印次	2024 年 12 月第 1 版　2024 年 12 月第 1 次印刷
開　　本	787 × 1092　1/8
印　　張	36.5
書　　號	ISBN 978-7-5013-7957-6
定　　價	2800.00 圓